数字媒体技术与创作系列教材
编撰委员会

数字媒体技术与创作系列教材

主编 董武绍   副主编 袁南辉

The Technology and
Creation of the Virtual Studio

虚拟演播室技术与创作

董武绍 耿英华 朱 姝 陈 军 编著

暨南大学出版社
JINAN UNIVERSITY PRESS

中国·广州

图书在版编目（CIP）数据

虚拟演播室技术与创作/董武绍、耿英华、朱姝、陈军编著. —广州：暨南大学出版社，2014.10（2019.2 重印）
（数字媒体技术与创作系列教材）
ISBN 978 - 7 - 5668 - 1070 - 0

I. ①虚…　　II. ①董…②耿…③朱…④陈…　　III. ①虚拟演播室　　IV. ①G220.7

中国版本图书馆 CIP 数据核字（2014）第 141735 号

虚拟演播室技术与创作
XUNI YANBOSHI JISHU YU CHUANGZUO
编著者：董武绍　耿英华　朱　姝　陈　军

出 版 人：徐义雄
策划编辑：杜小陆　史学英
责任编辑：李秋婷
责任校对：杨柳婷
责任印制：汤慧君　周一丹

出版发行：暨南大学出版社（510630）
电　　话：总编室（8620）85221601
　　　　　营销部（8620）85225284　85228291　85228292（邮购）
传　　真：（8620）85221583（办公室）　85223774（营销部）
邮　　编：510630
网　　址：http://www.jnupress.com
排　　版：广州市天河星辰文化发展部照排中心
印　　刷：虎彩印艺股份有限公司
开　　本：787mm×960mm　1/16
印　　张：12.75
字　　数：250 千
版　　次：2014 年 10 月第 1 版
印　　次：2019 年 2 月第 3 次
定　　价：38.00 元

（暨大版图书如有印装质量问题，请与出版社总编室联系调换）

前　言

　　虚拟演播室（Virtual Studio）技术是近几年发展起来的新兴而独特的电视节目制作技术，是计算机技术与视频技术相结合的产物。它的出现与应用引起了电视节目制作的一场革命。在现代社会中，电视成为最广泛的大众传播媒介和娱乐工具。电视观众对电视节目口味的不断变化、要求的不断提高，对电视节目制作技术也提出了更高的要求。为了满足这方面的要求，近年来数字化技术和多媒体技术广泛应用于电视节目制作领域，虚拟演播室技术进入影视制作领域并成为热点。大量精彩的画面是通过将实拍人物素材与多媒体电脑制作的虚拟景物有机地结合在一起制作出来的，从而给观众全新的视觉享受。这一技术，不仅拓展了电视节目制作者的创作空间，而且降低了电视节目的制作成本。电视节目制作者熟练掌握并利用虚拟演播室技术，将有助于提高电视节目制作的质量和效率。

　　《虚拟演播室技术与创作》的编写，既考虑到虚拟演播室技术中相关的理论知识，又结合虚拟演播室的类型和相关创作软件，以便学生进行虚拟演播室创作实训练习。全书包括七章内容，较全面地介绍了虚拟演播室技术的理论知识和相关创作实训练习，包括虚拟演播室技术概述、虚拟场景设计与创作、摄像机运动跟踪技术、色键技术与应用、国内外虚拟演播室介绍、虚拟演播室系统操作流程、虚拟演播室作品创作流程等内容。

　　本书图文并茂、深入浅出、内容翔实、案例丰富，是一部理论性与实用性并重的虚拟演播室技术应用教材。本书既可作为高校影视传媒类专业师生的实用教材，也可作为各类电视节目制作人员的实用指南和参考书。

　　本书第1章由董武绍编写，第2章由耿英华编写，第3、5、6章由陈军编写，第4、7章由朱姝编写，蓝丽萍参与了部分图片处理，全书由董武绍负责统稿。

本书的出版得到了暨南大学出版社的大力支持，杜小陆同志一直关注和指导着编写工作，对此我们深表感谢。

本书在编写过程中，参考引用了许多国内外的相关文献资料，在此特向作者致以深深的谢意。

由于编写时间匆促，加之作者水平有限，缺点和错误在所难免，欢迎读者批评指正。

编　者
2014 年 3 月

目　录

前　言　/001

1　**虚拟演播室技术概述**　/001

　　1.1　虚拟演播室技术　/002

　　1.2　虚拟演播室的类型　/012

　　1.3　虚拟演播室的特点　/017

　　1.4　实训与创作　/018

　　【思考题】　/018

2　**虚拟场景设计与创作**　/019

　　2.1　二维虚拟场景设计与创作　/021

　　2.2　二维半虚拟场景设计与创作　/026

　　2.3　三维虚拟场景设计与创作　/031

　　2.4　实训与创作　/038

　　【思考题】　/050

3　**摄像机运动跟踪技术**　/051

　　3.1　机械传感器跟踪系统　/052

　　3.2　辅助摄像机跟踪系统　/060

　　3.3　红外线传感摄像机跟踪系统　/062

　　3.4　网格识别摄像机跟踪系统　/065

　　3.5　摄像机跟踪系统性能对比　/068

　　3.6　深度跟踪　/070

3.7 实训与创作 /071
【思考题】 /073

4 色键技术与应用 /075
4.1 色键器的工作原理 /076
4.2 色键器的类型与选用 /081
4.3 实训与创作 /088
【思考题】 /094

5 国内外虚拟演播室介绍 /095
5.1 国内虚拟演播室介绍 /096
5.2 国外虚拟演播室介绍 /119
5.3 实训与创作 /128
【思考题】 /128

6 虚拟演播室系统操作流程 /129
6.1 虚拟演播室系统连接 /130
6.2 系统设备参数调整 /131
6.3 编制节目播出列表 /136
6.4 系统用户界面 /137
6.5 实训与创作 /157
【思考题】 /162

7 虚拟演播室作品创作流程 /163
7.1 作品文案策划 /165
7.2 虚拟场景创建 /167
7.3 虚拟演播室制作 /172
7.4 作品输出 /179
7.5 实训与创作 /180
【思考题】 /196

参考文献 /197

◇ **1**

虚拟演播室技术概述

　　本章主要阐述了虚拟演播室技术的基本概念，介绍了虚拟演播室的类型和虚拟演播室在电视节目制作中的特点。

【本章学习要点】

通过本章的学习，掌握虚拟演播室技术的基本概念和系统的构成，了解虚拟演播室的关键技术和基本类型及其在电视节目制作中的特点与优势。

【本章内容结构】

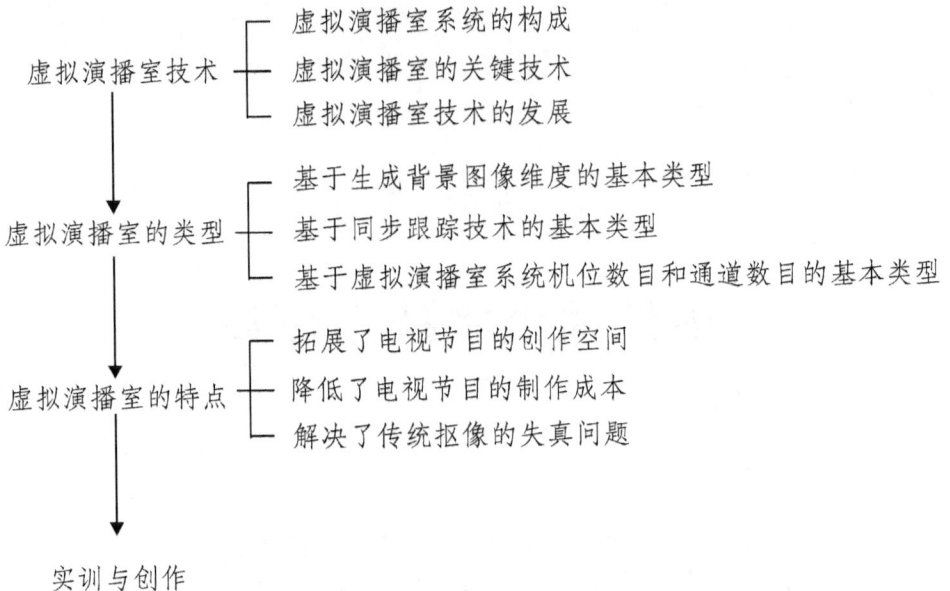

```
                    ┌── 虚拟演播室系统的构成
      虚拟演播室技术 ├── 虚拟演播室的关键技术
                    └── 虚拟演播室技术的发展

                    ┌── 基于生成背景图像维度的基本类型
      虚拟演播室的类型 ├── 基于同步跟踪技术的基本类型
                    └── 基于虚拟演播室系统机位数目和通道数目的基本类型

                    ┌── 拓展了电视节目的创作空间
      虚拟演播室的特点 ├── 降低了电视节目的制作成本
                    └── 解决了传统抠像的失真问题


      实训与创作
```

1.1 虚拟演播室技术

虚拟演播室（Virtual Studio）是将虚拟现实技术和传统的色键抠像技术相结合的新技术，是一种将真实摄像机所拍摄的画面实时地与计算机图形工作站生成的三维虚拟场景进行合成的新型电视节目前期制作系统。

多年来，传统的电视节目制作大量使用色键抠像技术将人物与不同的背景混合起来，用于制作一些在现场无法完成拍摄的画面。这项技术在较长时间内被广泛应用，但随着电视节目制作技术的发展和观众欣赏水平的不断提高，该制作方式所呈现的缺点也越来越明显，它的主要问题是前景演员和背景不能同步变化，这样会造成视觉上的差异，合成的图像不够真实自然，影响节目效果。比如，在演播室中拍摄人物的镜头时，作为前景画面的演员会随着摄像机的推、拉、摇、移变化在画面中形成不同的景别和透视关系，而作为背景的画面始终固定不动，即使画面内的内容是运动的，或者是演员或主持人的景别不变，但背景中的画面不断地变化，前景、后景同样产生了差异，这些都会影响视觉合成的效果。

在虚拟演播室系统中，人物在以蓝色幕布为背景的全空演播室里活动，前台摄像机负责拍摄图像，并用色键技术将人物的形象与蓝背景分割开来，从而得到前景图像。同时，摄像机跟踪系统实时检测摄像机的运动参数和成像参数，并根据这些参数构造一个虚拟摄像机。之后在三维场景制作系统中构造出三维背景，而背景图像则是按虚拟摄像机的参数生成的。最后，图像混合系统将前景视频信号和背景视频信号合成最终的画面。由于前景图像和背景图像具有相同的成像参数和三维透视关系，因此，采用虚拟演播室技术能较好地处理前景图像和背景图像同步变化的问题，保证了合成画面的真实感。

1.1.1 虚拟演播室系统的构成

典型的虚拟演播室系统由摄像设备、摄像机位置参数拾取、计算机图形发生器、图像合成设备和图形处理软件构成。

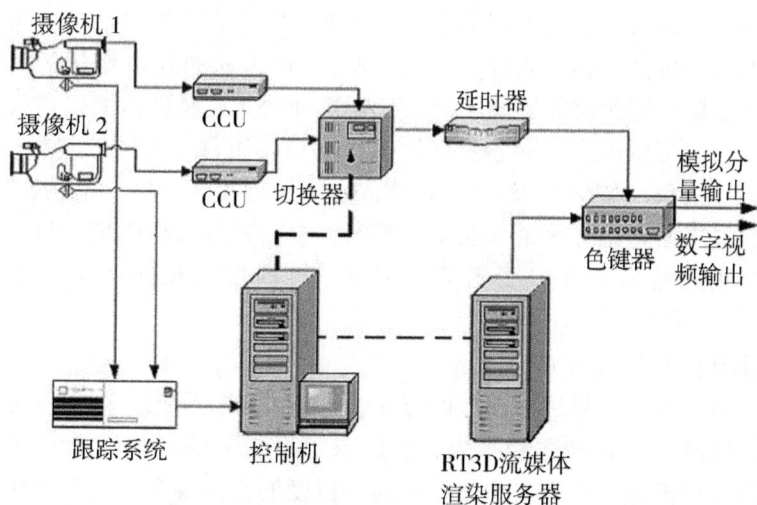

图 1 - 1　Top3D Set 双机位单通道虚拟演播室系统结构原理图

前景摄像机拍摄在蓝背景中的人物，而摄像机在演播室中的空间位置参数，摄像机的倾斜、转动、翻转运动参数，摄像机镜头变焦、聚焦等设置参数由跟踪系统获取后，被送入计算机图形发生器中，实时生成与前景图像保持正确透视关系的背景图像。然后，前景图像（包括人物和真实场景、道具）与计算机生成的背景图像通过色键控制器合成。最后，输出的图像可以直接播出或记录在存储媒介上。

1.1.2 虚拟演播室的关键技术

虚拟演播室的关键技术包括摄像机跟踪技术、虚拟场景设计与生成技术、蓝背景技术、灯光布光技术和色键技术等。

1. 摄像机跟踪技术

在虚拟演播室的场景合成中，随时获得摄像机的拍摄参数是关键因素，如运动方向、焦距等，这样才能使真实的摄像机与虚拟场景中的摄像机完全同步运动，使虚拟摄像机能够根据真实摄像机的拍摄情况确定虚拟场景中的哪些部分进入画面。因此，这就需要一个能够实时检测和提供摄像机运动参数、演员位置参数的系统，这里关键的技术就是摄像机跟踪技术。虚拟演播室的最终合成效果取决于虚拟演播室背景的立体透视关系是否能够随时跟上现场真实摄像机的变化。摄像机跟踪系统的作用是将摄像机的运动参数实时取出并加入虚拟摄像机的三维成像过程中，计算机生成的虚拟场景可以根据演播室摄像机运动的位置显示出正确的透视关系，包括摇移、俯仰、画面大小、3D运动的立体变化，从而使真实的摄像机和虚拟的摄像机能够同步运动，而这种功能正是虚拟演播室优于传统抠像系统的地方。摄像机的运动参数包括镜头运动参数（变焦、聚焦、光圈）、机头运动参数（摇移、俯仰）及空间位置参数（地面位置 x、y 和高度 z）等，这些参数对虚拟演播室系统来说是非常重要的，它们直接影响虚拟场景的生成。目前，摄像机跟踪技术主要有图形网格识别、机械传感和红外线跟踪三种主要方式。

（1）图形网格识别方式。

图形网格识别方式是通过间接的方法，即对摄像机所拍摄图像的形态识别和分析来确定摄像机的各种运动参数，它要求用不同色度（如深蓝和浅蓝）组成的网格幕布取代机械跟踪方式中使用的同一色度的蓝色幕布。实际拍摄时，得到的是深蓝色及浅蓝色格子图案组成的背景，利用电平差，可将浅蓝色格子图案从背景中分离出来。因为每个格子的图案是不同的，所以计算机能够通过识别网格图案的变化来获取摄像机的运动信息。它的优点是不需加装传感器对摄像机进行改造，对摄像机的移动没有轨道限制，无须镜头校准。但是缺点也很明显，因为背景是两种色度的蓝色，对色键的效果有影响，色键过程中的阴影很难处理。因为摄像机要识别网格，所以摄像机对蓝幕要有一定的聚焦，从而对主持人的位置有限制，主持人有时会显得模糊，而画面中必须含有一定数量的格子，这样较难拍摄人物特写的镜头，进行图案识别需要更多的视频延时，如 8~12 帧。

图1-2　基于图形网格识别方式的虚拟演播室

（2）机械传感方式。

机械传感方式是通过加装了传感器的云台，获取摄像机的位置、高度、摇移、俯仰信息，同时在机头上加装传感器，获取镜头的聚焦、变焦信息。为了保证测量的精度，镜头编码器和机头编码器一般都采用高分辨率的光学编码器。传感器得到的信息数据经编码后，可以通过高速串行接口如 RS－422 将其传送给计算机。这种跟踪方式是目前虚拟演播室主要使用的跟踪方式，它的优点是：工作稳定，跟踪数据没有延时，无须额外的工作站处理跟踪信息，获取的运动参数精度高，单一蓝色背景布光容易，摄像机运动不受限制。不足之处：每台摄像机必须有一个跟踪器，有的摄像机不适合加装传感器，需对机头部分进行改造，摄像机如要在水平和垂直方向上移动，需要加装专用的滑轮和升降系统。

图 1 - 3　基于机械传感方式的虚拟演播室

（3）红外线跟踪技术。

红外线跟踪技术是一种新颖的摄像机跟踪技术，它利用红外线收发装置来检测人和摄像机在演播室中的位置。红外线的发射装置可安装在人和摄像机身上，而接收装置（通常需要两个）可安装在蓝色幕布的上方。采用这种技术可实现360 度的拍摄扇区，使摄像机在真实场景中的运动不受任何限制。红外线装置可安装在任何种类的摄像机上，包括手持式和固定式，而且它与图形识别系统及机械传感器系统相兼容。红外线跟踪技术配合像素级深度键之后，人可处于虚拟场景中任何一个合适的位置，而且可以走到虚拟物体之前或之后，甚至可以处于虚拟物体的内部。

2. 虚拟场景设计与生成技术

虚拟演播室中的场景、道具通常由计算机生成，可以做出常规演播室中不能做到的更大的空间背景和现实生活中不可能见到的景观。虚拟场景可以是来自录像机或摄像机的活动视频，也可以是静止图像，但使用最多的是由计算机三维软件及材质创作的二维或三维图形。随着 PC 机的计算能力、绘图能力和视频处理能力的极大提高，当前的艺术导演可以采用更开放的平台及软件如 Softimage、Wavefront、Alias 或 3D Max 建立三维场景。

按照是否实时读取场景源文件并对源文件进行渲染，虚拟场景可以分为三维虚拟演播室和二维半虚拟演播室。

二维半虚拟演播室是指在三维建模环境中（如 3D Max、Softimage、Maya、Alias、Wavefront 等）虚拟场景提前渲染出一张特别大的广角位图，并且该图像的水平和垂直清晰度应不小于 1024 像素值，然后将该图片安装到系统主机中。合成场景时主机根据摄像机镜头的运动状态对图片进行处理，选择图片的一部分与前景进行合成，同时场景中加入一些三维的小物件和遮挡物体，增强场景的真实感。

三维虚拟演播室是指虚拟背景由计算机在场景合成时实时渲染。在这种三维模型中的虚拟摄像机受真实摄像机的运动参数控制，当真实摄像机的镜头或位置参数变化时，虚拟摄像机同步变化，并实时（50 场/秒）生成虚拟背景图形。

二维半系统事先不限时地进行渲染生成背景和遮挡掩膜的图片文件，而真三维系统是读取 3D Max、Maya、Softimage 等三维建模软件制作的场景源文件。二维半系统的场景生成比较简单，按照摄像机的机位参数对背景图和遮挡掩膜进行处理后生成演播室背景信号，而真三维系统包括场景调度、物体运动、灯光调节、特殊效果调节等模块，功能更为强大。从场景设计角度来看，由于二维半系统事先生成虚拟场景图片，可以设计更精细和更复杂的场景。场景中物体边缘的反走样、光线跟踪、镜头特效等都可以运算得非常到位。通过有效的插值算法，可以保证镜头推拉、俯仰、平摇过程中背景的平稳变化，再加上丰富的大屏幕切换特技、无限蓝箱、深度键等实用功能，可以满足大部分节目制作的需求。而真三维系统是对场景源文件实时渲染，场景精细度和复杂度受系统硬件和软件的限制较大，常常不能有反射、折射、特效等。二维半虚拟演播室更适用于对实效性要求高的节目制作，而真三维虚拟演播室则更适用于对镜头灵活性要求高的节目。

3. 蓝背景技术

虚拟演播室中的摄像机所拍摄的是以蓝色为背景的主持人画面，其全部蓝色区域将被合成到计算机三维软件生成的虚拟场景中。

图 1-4　虚拟演播室蓝色背景

虚拟演播室的摄像室，一般是由一面或多面蓝墙和蓝色的地板组成的"蓝室"，对蓝色舞台没有实际的物理尺寸限制，真实蓝背景的大小取决于有多少人在虚拟场景中活动。建立更大的蓝色墙壁或采用蓝色的边墙是得到更大摄像机视角范围的办法，但需注意，正面临近的墙角应大于 90 度，这将更容易布光，并且墙壁之间也不会互相反射。当摄像机取远景时，不仅需要主持人身后是蓝色，地板也要求是蓝色的。地板应该足够大，大到可以容下阴影，否则落在真实背景之外的阴影将被剪除。在蓝背景中应采用圆滑的角落，因为对折角布光非常困难，需要在键控器上进行额外的调整来均匀明暗差异，这也使保留阴影变得更困难。

4. 灯光布光技术

虚拟演播室灯光通常采用三基色柔光灯，这种灯发光均匀、阴影小、发热少、色温恒定而均匀，使主持人肤色自然真实。节目主持人通常会有一定的活动区域，因此，对前景主持人布光不能用新闻类节目的定点布光，而必须采用区域布光。传统的新闻类演播室一般运用三点式布光原理就能满足电视照明的要求，而虚拟演播室技术采用的是色键器消蓝技术进行抠蓝处理，因此，要消除蓝色对前景主持人的影响就必须树立立体布光的理念。

布光时，先前景布光，后蓝箱布光。因为三基色柔光灯发光面积大，前景主持人布好光后，必将在蓝箱上产生一定的光照度。因此，前景照度符合要求后，再对蓝箱墙面进行适当补光就能满足色键抠蓝的要求。前景与虚拟背景完美融合的关键在于前景与蓝箱的科学合理的布光。在通常情况下，蓝色舞台需要被照得非常均匀。在虚拟演播室中通常用冷光，大多数使用的冷光类型是 KINO FLO 及 VIDESSENCE。如果没有冷光，可以用蜡纸盖住标准演播室的灯光，建议亮度是 120 瓦左右。

灯光应经常保持足够高的角度来使阴影落在地面上，而不是背景墙上，这样可以制作出比真实演播室难得多的特技，使观众看到真实物体与虚拟地面结合的仿真效果。如果没有来自下面的灯光，地面的辅助光只能靠蓝背景对灯光的反射来照亮前景物体的下面部分，这将影响色键的效果。演员及真实道具在蓝室中投下的影子也要随演员及道具一起进入虚拟空间，且影子的方向要和虚拟空间中的光源方向一致。为表现虚拟背景中地板反光的影子效果，可在蓝室地板上铺设蓝色透明塑料。虚拟演播室中的影子效果一般只限于地板，但如果要求演员或真实道具的影子投射到虚拟空间的墙壁上，就要在蓝室中相应的虚拟墙壁的位置上放一个蓝色物体以产生这种阴影效果。如果要求影子投射到虚拟空间的不规则物体上，就需要在蓝室中用灯光模拟出逼真的影子效果，但实际上很难做到。

虚拟演播室系统的背景虽然不局限于蓝色，但蓝色有几个优点：一是亚洲人的黄皮肤比较适合在蓝背景下键出；二是物体周围的蓝色弱色调没有绿色弱色调显眼；三是演员们在蓝色环境中工作要比在绿色或红色环境中愉快。

5. 色键技术

虚拟场景不仅有背景，还有前景，如桌子、讲台等，人甚至可以进入一个虚拟物体中。画面中真实的、虚拟的物体间的关系比较复杂，要想实现完美自然的叠加，就需要特殊功能的高级色键技术。

1.1.3 虚拟演播室技术的发展

虚拟演播室技术经过数年的发展，已从初创阶段走向实用阶段。目前的虚拟演播室系统不仅在关键技术上有了很大改善，而且还在系统类型上得到了完善，在应用领域上也有了较大扩展。

1. 关键技术的进步

（1）"像素级"深度键技术。

在处理演员在虚拟场景中的位置方面，原先使用的是层次级深度键技术，在这种情况下，物体被分别归类到数目有限的几个深度层中，因此，演员在虚拟场景中的位置无法连续变化。而在像素级深度键技术中，构成虚拟场景的每一个像素都有相应的 z 轴深度值，因此，演员在虚拟场景中的位置可以连续变化。使用这种技术后，虚拟物体、真实物体及表演者可在节目中动态地相互遮挡，从而增加了虚拟场景的真实感。

（2）"垃圾色块"技术。

使用虚拟演播室系统制作节目时，当摄像机无意间拍摄到非蓝区域时，会出现"穿帮"现象。为了克服这一现象，出现了"垃圾色块"技术，或称为"填补彩底"技术。使用这一技术后，摄像机拍摄到的非蓝区域可自动由"垃圾色块"来填补，因此它具有"背景保护"功能，使演播的范围大大超出了演播室的蓝色背景范围。另外，这种技术还可用来制作虚拟天花板。

其他新技术还包括虚拟阴影及反射、虚拟散焦、高速数字视频处理等。利用虚拟阴影及反射技术可进一步增强场景的真实感。虚拟散焦功能可模仿几何光学的原理，对虚拟场景中的远处景物进行散焦处理，从而增强场景的纵深感。新的数字视频处理器可完成高达每秒 30 亿次的操作，可建立逼真的 3D 环境。

2. 系统类型的完善

随着虚拟演播室技术的发展，虚拟演播室的系统类型也得到不断的完善。目前已出现了能满足各种需要、适应各个阶层的系统类型。从功能上看，除了最基本的三维系统和二维系统之外，还出现了一些能实现特殊功能的系统类型，如虚拟出席、移动场景以及为适应高清晰度电视系统而开发的 HD 虚拟演播室系统等。

（1）三维系统。

这类系统属于高档虚拟演播室系统，其特点是可创建全三维的虚拟场景。由于三维场景的实时描绘需要非常大的计算量，所以，这类系统必须采用功能强大的图形工作站或专门的高速图形处理器作为背景生成装置。在摄像机运动参数的获取方面，可使用图形识别方式，也可以使用机械传感器方式等。用摄像机运动参数来控制背景生成装置，就可得到与前景图像成正确透视关系的三维虚拟场景，然后通过色键合成技术将前景与背景合成后输出。这类系统配合以虚拟阴影及反射、像素级深度键等新技术后，可达到非常逼真的全三维虚拟场景效果，是节目制作的最佳选择。

（2）二维系统。

这类系统能以较低的成本建立一个简单、实用而且图像质量高的二维虚拟演播室。这类系统的背景生成装置一般采用图像处理器硬件，可生成类似于二维 DVE 效果的背景图像。与一般 DVE 系统不同的是，在这里各种数字视频效果的生成是在摄像机运动参数的控制下进行的。例如，当摄像机推近时，在相应运动参数的控制下，图像处理器会产生一个放大的图像，与前景配合。合成之后，前景看上去就好像确实处于图像处理器产生的虚拟背景之中。因为此系统是二维系统，所以摄像机不需移动。

（3）虚拟出席。

虚拟出席是在基本系统的基础上增加的一个特殊功能，它能将从远地传来的实况视频无缝地组合入本地演播室。也就是说，虚拟出席可将远地演播室中的表演者与本地演播室中的表演者实时地结合在一个虚拟场景中，而不需要通过视频窗口。两个表演者可以在同一个虚拟场景中面对面地相互交谈、表演，而观众觉察不到两人各处一地。这一功能的好处是远地的节目嘉宾可以不必亲临本地演播室参与节目制作，他们只需到最近的蓝幕演播室，便可实时且无缝地进入节目中。

（4）移动场景。

移动场景也是一种具有特殊功能的系统，它可将视频及动画插到室内和室外的节目中。这里使用的是一块绘有格子图案的小型面板，拍摄节目时将它放置在需要插入视频或动画的场景位置上。摄像机可从任意角度拍摄，得到的格子图案信息可控制生成装置生成与面板透视关系一致的视频或动画。最后经色键合成后，在相应的面板的位置就会出现视频或动画，且其透视关系与面板完全一致。

移动场景功能非常适合于体育报道、实况采访、天气预报、现场新闻报道等节目，它可给节目增添活力，给观众带来耳目一新的感觉。

（5）HD 系统。

目前，高清晰度电视技术发展很快，它已成为广播电视的热点，正在或即将走进人们的生活。为了适应这一变化，虚拟演播室系统也开发了适合于高清晰度电视的系统，即 HD 虚拟演播室系统。

3. 应用范围的扩展

虚拟演播室技术最初只是用于演播室节目的制作，但现在它的应用范围有了很大的扩展，特别是在体育节目的报道及广告方面，出现了以虚拟演播室技术为基础的一些新技术，如虚拟重放系统、数字重放系统及虚拟广告系统等，利用这些技术制作的节目可得到非常好的效果。

（1）虚拟重放系统。

虚拟重放系统主要应用于足球等球类比赛的转播及评论节目。它可提供球场、队员及球的动态三维图形画像，同时可连续改变虚拟摄像机的拍摄视点。虚拟重放系统的工作过程是这样的：首先选择一帧要分析的视频图像，画面在这一帧冻结起来。接着冻结起来的二维视频图像渐渐变成一幅动画形式的三维场景，即球场、队员及球等都变成了相应的三维图形画像。虚拟摄像机可围绕这一场景进行自由的"飞绕"拍摄，因此观众可从任意角度观看这一瞬间的比赛情况。这套系统需要事先存储体育场的三维模型。其次，准备素材需要几分钟的时间。虚拟重放系统将逐步改变体育节目的转播方式，它可部分代替慢速重放，可从各个角度模仿真实比赛的情况，因此呈现在观众面前的将不再是"有争议"的或是难以判断的情况。目前，虚拟重放系统可用于美式足球、足球、冰球等比赛项目。

（2）数字重放系统。

数字重放系统主要应用于体育比赛的报道及评述节目。它能迅速重放各种精彩场面，在重放时，通过先进的视频跟踪技术，可突出显示并自动追踪关键运动员或球，显示他们的运动轨迹或路线，测量并显示运动员和球的速度以及两物体之间的距离，可在视频图像上直接描画各种箭头、轨迹、路线和标志。对于观众来说，数字重放系统可使他们更清楚地了解比赛中的每一个细节，从而能更好地欣赏比赛。对于体育评论员和球队教练来说，数字重放系统是一个理想的分析工具。

（3）虚拟广告系统。

虚拟广告系统可在体育节目或文艺节目的直播期间，将演播室制作的虚拟广告牌插入赛场或表演场的空地，或用虚拟广告牌替换掉场地上原有的广告牌，合成后可达到"以假乱真"的效果，观众丝毫不会觉察。虚拟广告系统有很多优点：首先，在对不同的地区进行转播时，可插入不同的广告，增强广告的有效性，提高资源利用率。其次，赛场上的广告可以不再是静止的，可以将插入的虚拟广告做成动画形式，各种二维或三维的动画广告更能吸引观众的注意力。此外，使用虚拟广告后，广告位置不再局限于场地的边边角角，如果条件允许，整个场地都可以放置虚拟广告，广告尺寸也不会有任何限制。而且，虚拟广告可插入以前无法利用的空间，如水面、沙滩、雪地或非常高的地方。

　　虚拟演播室技术的发展和数字视频技术、计算机技术以及其他相关技术的发展息息相关，随着这些技术的发展，虚拟演播室技术也在不断地发展和完善。另外，虚拟演播室技术的应用也扩展到了互联网上，目前已有具有虚拟实况和网络重放功能的互联网节目，观众不仅可以通过互联网即时欣赏到全运动的三维比赛精彩场面，还可以在互联网上分析关键的比赛瞬间。近年来提出的一种基于对象的编码方式 MPEG－4 压缩技术，非常适合虚拟演播室系统，它的出现必将对虚拟演播室技术的发展及应用起很大的推动作用。虚拟演播室技术的发展方兴未艾，相信它终将成为一种最有力的节目制作工具。

1.2　虚拟演播室的类型

　　随着虚拟演播室技术的发展，虚拟演播室的类型也在不断增加。对于虚拟演播室的类型，可以从不同的角度进行分类。目前，一般从基于生成背景图像的维度、基于同步跟踪技术的应用和基于虚拟演播室系统的通道数目几个角度进行分类。

1.2.1　基于生成背景图像维度的基本类型

　　目前，在电视节目制作中根据生成背景图像的维度不同，可以把虚拟演播室划分为：二维虚拟演播室、二维半虚拟演播室和三维虚拟演播室。

　　1. 二维虚拟演播室系统

　　二维虚拟演播室系统生成的虚拟场景为二维图像，这类系统的价位较低。背景生成装置一般采用图像处理器，摄像机无须移动。进行拍摄时，受相应镜头运动参数的控制，图像处理器会产生相应变化的图像与拍摄的前景合成。

　　2. 二维半虚拟演播室系统

　　二维半虚拟演播室系统生成的背景图像的维度为三维，但又不同于三维虚拟演播室系统。它的虚拟场景必须事先在 3D Max 等三维动画编辑软件里设计制作，再将制作好的三维模型场景进行渲染，制作成特别大的高图像质量的图片，这样可以保证镜头在推拉、俯仰、平摇过程中视频画面不会超出虚拟场景画面。这类系统是事先生成场景，采用贴图的方式实现前景和背景的合成。因此，在场景设计时可以不受约束，尽情发挥。

3. 三维虚拟演播室系统

三维虚拟演播室系统的价位比较高，属于高档次的虚拟演播室系统，可以创建全三维的虚拟场景。三维虚拟演播室系统的摄像机能够在场景中自由运动，系统实时地读取 3D Max、Maya 或 Softimage 3D 等国际通用的建模软件设计好的场景模型，这是三维虚拟演播室系统和二维半虚拟演播室系统的最主要区别。二维半虚拟演播室系统与三维虚拟演播室系统相比，二维半虚拟演播室系统的不足之处是以一张图片作为背景，在真实摄像机角度发生变化的时候，没有办法实时地调整虚拟摄像机。因此，从场景方面看，拍摄过程中移动摄像机会造成透视关系失配。另外，二维半系统中的摄像机位置是预先在软件中设置好的，拍摄过程中不发生变化。因此，摄像机无法在拍摄过程中实时移动。

具体选型时，一项产品的技术当然越先进越好，但系统性能的先进性又不完全取决于它的技术含量，并不是技术越复杂越好，实用性也是极其重要的一个方面。三维虚拟演播室，特别是架构在 PC 机上的三维虚拟演播室系统，比起二维半虚拟演播室系统在实用性上并没有优势。选择虚拟演播室的类型时，需要根据具体情况具体分析。

1.2.2 基于同步跟踪技术的基本类型

虚拟演播室中的虚拟场景要跟真实场景保持同步变化，必须对真实场景的运动进行实时跟踪。根据同步跟踪技术的不同，虚拟演播室可划分为三种基本类型。

1. 基于传感跟踪技术的虚拟演播室系统

基于传感跟踪技术的虚拟演播室系统，是通过对摄像机加装机械传感器，由摄像机的变焦、摇移、俯仰等运动来感知场景的运动，所以这种跟踪方式又称为机械跟踪方式。机械跟踪方式具有处理速度快、精确度高等优点，但在实际操作中，该方法还面临着如镜头校准、摄像机锁定等方面的问题。采用 PTZL 云台的系统，拍摄过程中摄像机位置不能移动，摄像机的机位更换后须重新进行校正，而且每增加一个摄像机就需要增加一套相应的跟踪装置，所以机械跟踪方式可以说是成本很高的一种跟踪方式，尤其在摄像机数目比较多的情况下。

2. 基于实时图形识别技术的虚拟演播室系统

图像分析识别方式是利用图像分析识别技术，以摄像机获取的图像为基础进行处理的系统，最典型的是网格跟踪技术。它通过摄像机拍摄网格形状、数目发生的变化，运用数学算法，了解摄像机的位置和推拉摇移的变化。网格跟踪方式不但给摄像师提供了较高的自由度，使其能够在拍摄过程中随意移动摄像机，而且对摄像机没有特殊要求，不需要对摄像机进行改造，可以直接使用演播室原有的摄像机（包括便携式摄像机）。此外，增加机位时成本较低，摄像机上无须安装附加装置，不需要复杂而困难的镜头校准。

但从实用角度考虑，基于机械传感器方式的虚拟演播室系统除了机位固定之外，其余方面均优于实时图形识别技术方式。

3. 基于红外跟踪技术的虚拟演播室系统

红外跟踪方式是利用红外线收发装置来检测被摄主体和摄像机在演播室中的位置。红外跟踪技术是性能最优但造价较高的跟踪技术，适用于高端虚拟演播室。它的主要原理是在演播室顶棚安装红外摄像收发装置，当摄像机位置发生变化时，通过红外探测器接收数据，并进行运算处理。采用红外跟踪方式的系统一旦搭建好，即可迅速重新定位和校正。增加机位的成本较低，摄像机可自由运动，不受任何限制。

1.2.3　基于虚拟演播室系统机位数目和通道数目的基本类型

虚拟演播室系统的类型，也可以从构成系统的机位数目和通道数目的不同进行分类，基本类型有单机位单通道虚拟演播室系统、双机位单通道虚拟演播室系统、双机位双通道虚拟演播室系统、多机位多通道虚拟演播室系统等。

1. 单机位单通道虚拟演播室系统

单机位单通道虚拟演播室系统由一台摄像机和一个设备通道（通道设备包括一套传感系统、一套延时系统、一套图形工作站、一套图形色键合成系统）构成。系统架构贴近传统的演播方式，系统的安全性、稳定性高，使用起来较为简单方便。

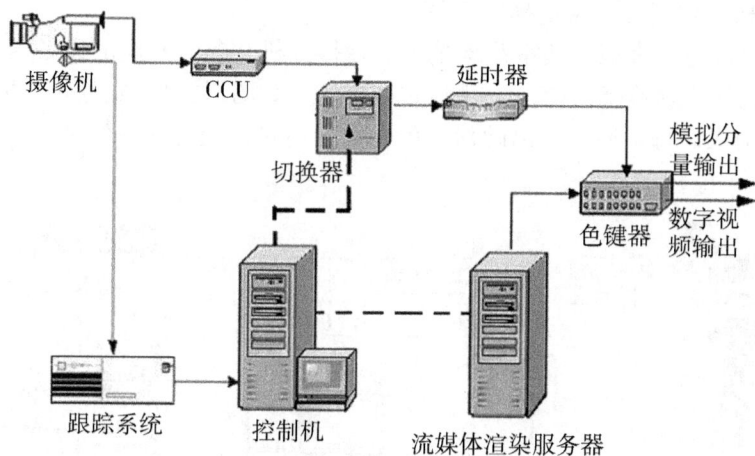

图 1-5　单机位单通道虚拟演播室系统结构原理图

2. 双机位单通道虚拟演播室系统

双机位单通道虚拟演播室系统由两台摄像机共用一个设备通道（通道设备包括一套传感系统、一套延时系统、一套图形工作站、一套图形色键合成系统），前景信号由视频切换器进行选择，图形工作站根据不同的机位提供相应的虚拟场景。由于有两台摄像机用于前景的拍摄，虚拟演播室内的创作非常方便。

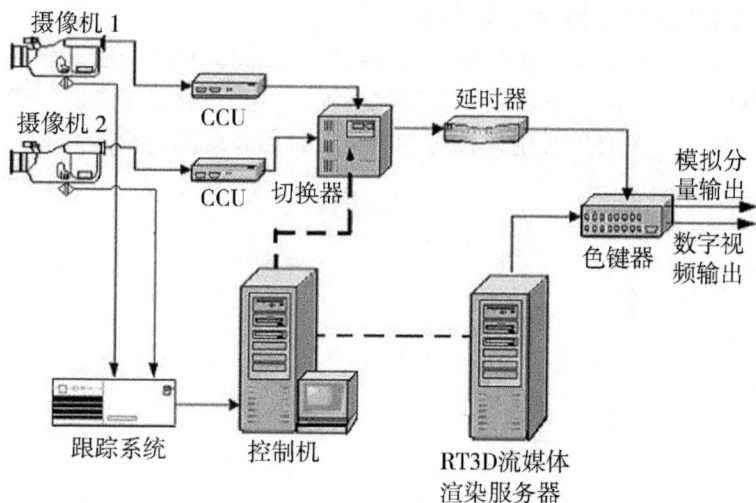

图 1-6　双机位单通道虚拟演播室系统结构原理图

3. 双机位双通道虚拟演播室系统

双机位双通道虚拟演播室系统是由两台摄像机和各自对应的设备通道（每个通道设备包括一套传感系统、一套延时系统、一套图形工作站、一套图形色键合成系统）构成，每个通道输出的信号就是前、后景已经合成好的视频信号。

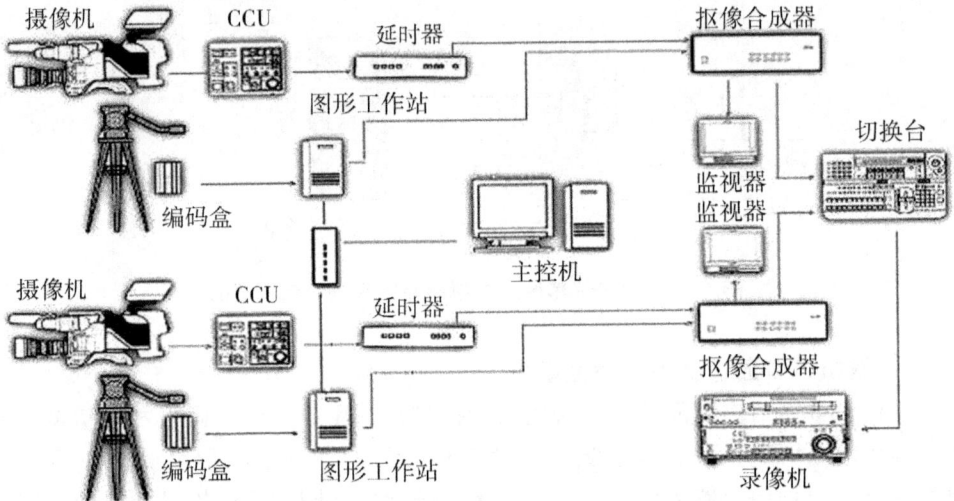

图 1 - 7　双机位双通道虚拟演播室系统结构原理图

4. 多机位多通道虚拟演播室系统

多机位多通道虚拟演播室系统是由两台以上摄像机和两个以上设备通道（每个通道设备包括一套传感系统、一套延时系统、一套图形工作站、一套图形色键合成系统）构成，主要用于制作较复杂的节目，但系统的造价较高。

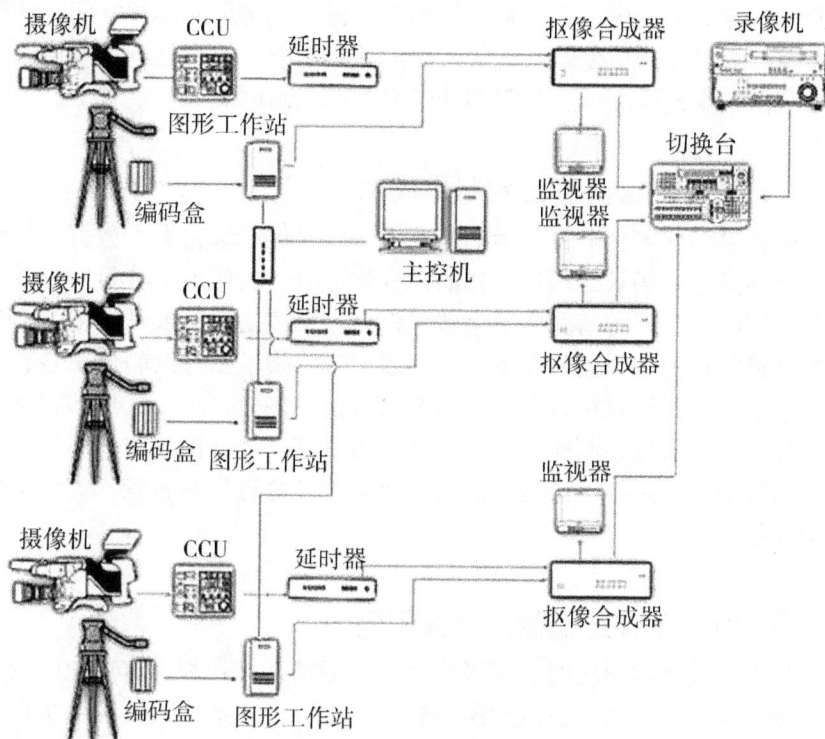

图 1-8　多机位多通道虚拟演播室系统结构原理图

1.3　虚拟演播室的特点

在电视节目的制作中，与传统演播室的运用相比较，虚拟演播室的运用具有十分显著的特点，主要体现为拓展了电视节目的创作空间、降低了电视节目的制作成本、解决了传统抠像的失真问题等。

1.3.1　拓展了电视节目的创作空间

在传统演播室的电视节目制作中，创作人员的设计思路往往受到演播室的大小、场景的设计与搭建以及节目资金等条件的限制，导致有些精妙的创意无法完整实现。而利用虚拟演播室进行电视节目的制作不受时空的限制，场景采用计算机制作，无须现场搭建，从而使节目的创作不再受演播室面积的限制，且受资金的约束相对较小。因此，创作人员可充分发挥想象力，创造出精美的、真实场景无法达到的视觉效果。虚拟演播室给创作人员提供了充足的创意空间，使他们可以在演播室的有限空间里创造出气势宏大的壮观场面，使实际不可能做到的变成现实，给观众带来充满立体感和强烈冲击力的电视画面。

1.3.2　降低了电视节目的制作成本

每个电视台都有多种节目，诸如新闻类、访谈类、综艺类、教育类、天气预报等，由于演播室的场景必须与节目的内容相适应，制作每个节目所需的演播室的场景是不同的，理想的情况是每个节目都有一个演播室，可是这样就会造成浪费。虚拟演播室只需一个蓝幕布景，利用虚拟现实技术便可以制作出各种能与主题相配的场景。虚拟演播室置景轻松，换景方便，多栏目可以共用演播室，可利用中小演播室实现大场景制作。另外，虚拟演播室以计算机制作的虚拟场景作为背景，不需要搭建、拆卸、搬运、储藏以及制作实物道具和布景，大大节约了人力、物力和财力。

1.3.3　解决了传统抠像的失真问题

运用传统色键技术抠像时，摄像机做任何运动，背景都没有变化，前后景之间缺乏联动关系，看上去前景就像漂浮在背景上一样，造成透视关系失配而缺乏真实感。而采用同步跟踪技术的虚拟演播室，可将摄像机的运动参数转变成电信号，通过计算机的运算，对虚拟场景的相应参数进行调整，实时生成与前景联动的背景信号，因此，合成后的前景与背景看上去是同步的。

1.4　实训与创作

根据当地已有的虚拟演播室资源的情况，组织学生参观虚拟演播室拍摄现场，让学生尽可能多地了解各种类型虚拟演播室的基本构成、工作原理和现场拍摄过程。

【思考题】

1. 简要阐述虚拟演播室的基本工作原理。
2. 虚拟演播室的分类有哪些方式？各有哪些基本类型？
3. 虚拟演播室在电视节目制作中的主要优势有哪些？
4. 虚拟演播室的关键技术有哪些？

2

虚拟场景设计与创作

　　本章主要阐述了虚拟场景的类型、特点与基本设计原理；分析了二维虚拟场景、二维半虚拟场景和三维虚拟场景设计与创作的平台、过程及典型案例；在实训环节，结合具体案例讲解虚拟场景的制作技巧。

虚拟演播室技术与创作

The Technology and Creation of Virtual Studio

【本章学习要点】

通过本章的学习，了解虚拟场景的类型及其应用领域，掌握不同类型虚拟场景设计的要点，熟悉虚拟场景的制作流程。

【本章内容结构】

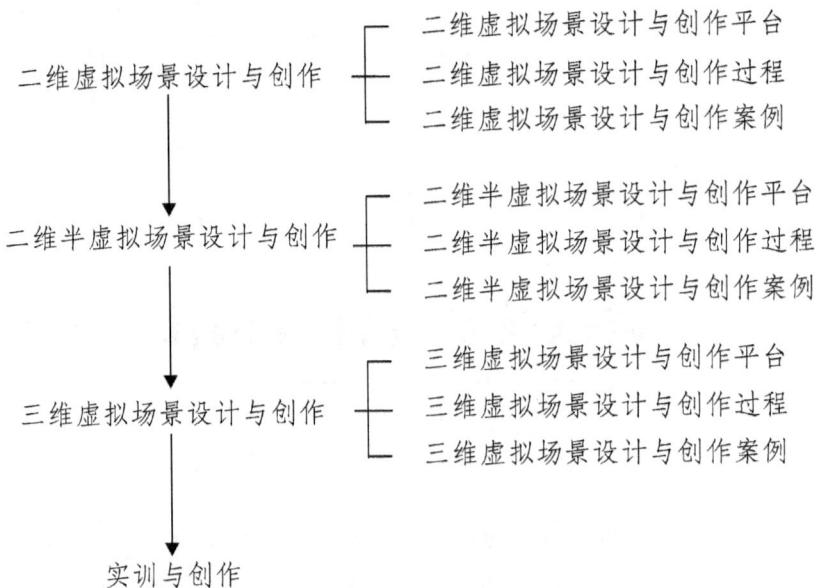

```
二维虚拟场景设计与创作 ┬── 二维虚拟场景设计与创作平台
                    ├── 二维虚拟场景设计与创作过程
                    └── 二维虚拟场景设计与创作案例
                         │
                         ↓
二维半虚拟场景设计与创作 ┬── 二维半虚拟场景设计与创作平台
                    ├── 二维半虚拟场景设计与创作过程
                    └── 二维半虚拟场景设计与创作案例
                         │
                         ↓
三维虚拟场景设计与创作 ┬── 三维虚拟场景设计与创作平台
                    ├── 三维虚拟场景设计与创作过程
                    └── 三维虚拟场景设计与创作案例
                         │
                         ↓
                    实训与创作
```

虚拟场景设计是以计算机虚拟的场景取代实景演播室场景，蓝箱取代现场布景，将计算机制作的虚拟三维场景与电视摄影机现场拍摄的人物活动图像进行数字化的实时合成，使人物与虚拟背景能够同步变化，从而实现两者无缝融合的效果。虚拟演播室场景的优点是灵活多样、节省空间，可以做出现实中无法实现的背景效果，不同栏目可共用同一演播室而不必更换场景，从而节省电视台大量的人力、财力、物力，对虚拟场景还可以进行任意的修改、更换和变位，从而提高节目的质量和演播室的使用率。缺点是前期制作较为复杂，主持人的发挥也会受到一定的限制。

虚拟场景设计是电视包装系统中的一部分，在设计过程中应考虑电视栏目，乃至电视频道的整体包装风格，通过场景中标志、道具、背景墙的造型设计，以及光线、色彩、构图元素的设计，塑造电视栏目整体形象，提升栏目审美品位，增强频道、栏目的可识别性。

随着虚拟演播室系统的广泛应用,虚拟演播室场景制作技术也受到越来越多的关注,其发展也日新月异。虚拟演播室的场景类型也从最早的简单的二维系统发展成现在的三维系统。这种类型的分类是根据生成背景图像的维度不同来划分的,具体可分为三大类:二维虚拟场景系统、二维半虚拟场景系统和三维虚拟场景系统。

2.1 二维虚拟场景设计与创作

二维虚拟场景是虚拟演播室系统早期的产品,其生成的虚拟场景为二维图像。其拍摄方法简单,在拍摄过程中摄影机无须移动,只需将蓝色背景前的人物摄入镜头,通过图像处理器,将生成的图像与拍摄的前景合成就可达到预期效果。根据不同的节目类型,二维虚拟场景通常选择抽象或具象图片,比如天气预报栏目中的地图、新闻播报栏目中的新闻事件影像等。这类场景的构成元素通常有电视屏幕、抽象图案、背景墙、图表框、新闻事件照片等。

2.1.1 二维虚拟场景设计与创作平台

二维虚拟场景设计创作平台是基于 Windows XP 或 Windows NT 平台上的 Photoshop、Illustrator 等平面图形处理软件。虚拟场景通常分为两部分,一部分是底层背景,另一部分是场景中的小部件,如花草、道具、前景遮挡物等。输出文件格式应按照虚拟演播室系统标准要求选择,不带通道的背景图片的格式为 bmp、tiff,带通道的小部件图片的格式为 tga、png。二维虚拟场景图片的尺寸取决于电视信号质量与摄影机取景范围。按照电视信号质量划分,可分为标清模式和高清模式,标清模式的尺寸采用传统的 720×576 扫描格式,画幅比例为 $4:3$。高清模式的尺寸一般为 $1\,920 \times 1\,080$,画幅比例为 $16:9$。完成的二维虚拟场景图片通常比实际视频尺寸略大一些,这样可以保证电视画面的边界不会出现空白。

2.1.2 二维虚拟场景设计与创作过程

二维虚拟场景设计的原则:①整体性原则,二维虚拟场景设计应与电视栏目、电视频道的整体风格一致,其中包括标识运用、固定色彩搭配和造型样式等内容;②功能性原则,背景设计应考虑实景拍摄与虚拟背景的匹配,前景摄影机注意把握人物的景别和构图;③审美性原则,二维虚拟场景设计在表现风格、构图和色彩运用方面应遵循审美性原则,让受众在观赏电视节目的同时获得审美的体验;④创意性原则,设计应避免雷同,注重创新设计,增强电视栏目可识别性。

二维虚拟场景设计的基本创作过程可分为：①分析栏目策划方案，确定场景设计方向；②对电视栏目的理念、风格的整体把握，分析同类型电视栏目的虚拟场景设计，分析受众群体的特点，确定设计的思路；③针对既定思路，搜索资料，寻找适合的图形创意方案，并绘制草图；④对草图进行进一步的加工处理，优化构图、配色，增加细节，增强感染力，最终生成背景图片；⑤后期修改输出，将已做好的图片导入虚拟演播室系统中，检查并修改错误，调试至最佳效果，最终合成输出。

第①、②、③个环节为前期策划阶段，第④个环节为中期制作阶段，第⑤个环节为后期合成阶段。下面具体分析这三个阶段、五个环节的创作过程。

第一阶段：前期策划。

策划阶段的第一个环节是对栏目的了解与整体把握。首先对栏目的内容、风格有总体的了解，然后对栏目的分镜头台本、解说词、栏目包装有具体的了解，根据分镜头台本与解说词的内容，明确虚拟场景使用的地方以及场景的风格，以便把握导演意图，设计符合导演要求的场景。这个环节决定设计的方向，是整个设计过程中关键的一步，需要与导演充分沟通。

策划阶段的第二个环节是对电视栏目以及同类型电视栏目的调研，分析该类型电视栏目的虚拟场景风格，并对该类型栏目的受众群体进行调研，了解他们的收视习惯和喜好，为后面的设计做好准备。设计同类型电视栏目的调研问卷可以从栏目结构、栏目包装方面入手。栏目结构是指电视栏目的类型、形式、组成，电视栏目的类型决定虚拟场景的风格样式。比如，新闻播报类栏目以播报新闻内容为主，访谈类栏目以制造对话空间为主，天气预报类栏目以展示地理气候为主等。在色彩选择方面，综合性新闻多使用蓝色、紫色等冷色系列，娱乐类新闻多使用橙色、红色等暖色系列。在充分调研的基础上，归纳出适合栏目的最佳方案，为下一步绘制创意草图打好基础。这一环节是设计创意的初步成形。

策划阶段的第三个环节是绘制创意草图。创意草图实质是设计的概念图。依据前面调查归纳的结论，以及以往的工作经验和头脑风暴的创意思考，参考相关资料，形成几种设计思路，在草稿纸上绘制出草图。在满足基本功能的基础上，要有所突破和创新，以新颖的方案吸引导演和观众的眼球。几款草图设计完成后，与导演讨论，选择并完善最满意的方案。好的草图方案是设计成功的一半，这个环节决定了整个设计的成败。

第二阶段：中期制作。

中期制作阶段是对草图的完善和补充。这一阶段要求设计者具备一定的美术功底和软件运用基础，根据制作经费和时间的要求选择适当的方法。制作方法有：一种是将素材图片直接导入虚拟演播室系统，这种方法往往在透视、光线、构图、色彩等方面出现偏差，效果不理想；另外一种是在图形软件中绘制场景，比如卡通类少儿节目、水墨风格的场景等，这种方法较为复杂，对设计者的美术功底要求较高；还有一种是综合合成的方法，这种方法融合了绘制与合成两种技能，制作的场景效果比较真实、细腻。

二维虚拟场景制作的风格有很多，常见的有写实类风格、抽象类风格和艺术风格等。写实类风格用于描绘真实的场景，适合法制类、家居类等节目类型。抽象类风格是由抽象图案组合而成，比较时尚、简约，适合新闻类、时尚类节目。艺术风格是指水墨、卡通、木刻、油画等风格，这种风格通常在历史类、儿童类、艺术类等人文气息较为浓厚的节目中使用。不同风格的场景制作的流程也有区别。

写实类二维虚拟场景中期制作的流程：①将事先绘制好的草图扫描至电脑中，在二维图形软件中修整出清晰、明确的线图，在这一环节中，设计者需要将草图中不太明确的细节完善补充；②绘制基本色彩关系；③添加细节和纹理，使用金属、木纹等素材为相应的道具添加纹理，并刻画高光、暗部阴影、破损、反光、投影、肌理等细节；④调节整体色调和明暗关系，增强气氛效果，最后输出完成。

抽象类二维虚拟场景中期制作的流程：①依据草图，用色块绘制出明确的抽象图形，确定画面整体色彩与构图关系；②素材合成，将适合的素材与抽象图形合成，添加细节和辅助图形；③输出合成，在后期软件中添加光效，输出完成。

艺术风格二维虚拟场景中期制作的流程：①参照草图效果，使用图形软件中水墨、油画、水彩等特殊笔刷绘制出大体轮廓；②添加细节，深入刻画；③输出完成。另外一种方法是使用照片然后添加艺术效果滤镜，这种方法较为简便，但受到滤镜的制约，效果不佳。

第三阶段：后期合成。

将完成的场景图片导入虚拟演播室系统，与实景拍摄相结合，检测虚拟场景与主持人的位置关系与总体效果。因为二维虚拟场景是静态图片，所以出现问题的情况较少。常见的问题有：一是格式错误，不能导入或正确显示，此时的解决方案是找到问题所在，重新输出调试；二是取景偏差，可以参考摄影机拍摄角度和主持人所处位置，重新调整虚拟场景。在后期合成阶段，应考虑主持人的服饰与场景的色彩关系，最好选择颜色对比较为强烈的服饰。

2.1.3　二维虚拟场景设计与创作案例

上文阐述了二维虚拟场景设计的方法和过程，接下来结合案例来分析不同风格的二维虚拟场景。

【案例1：卡通风格】

中央电视台经济频道（CCTV-2）的《交换空间》栏目（见图2-1），采用真人拍摄与二维动画相结合的方式。导演事先绘制好分镜，主持人在虚拟演播室依据分镜内容先进行前期拍摄，然后设计人员根据主持人的动作和分镜，在Flash等二维动画软件中设计制作卡通场景。这种风格的虚拟场景，特色鲜明，形式活泼、明快，富有艺术感染力，适合生活类、少儿类等娱乐性电视栏目。

图2-1 《交换空间》栏目包装虚拟场景设计

【案例2：历史怀旧风格】

北京卫视（BTV-1）的《档案》栏目（见图2-2），为了更加生动地再现历史情景，将历史图片作为背景，与真人演绎相结合，整体运用幽暗、怀旧的灯光设计，增强节目的代入感，使观众眼前一亮。这种类型的虚拟场景由于采用合成的历史照片，制作工艺相对简单，成本较低，但效果十分理想，是一种值得借鉴的方法。

图 2 - 2 《档案》栏目包装虚拟场景设计

【案例 3：金属风格】

中央电视台新闻频道（CCTV - 13）的《东方时空》、《新闻 30 分》等栏目
（见图 2 -3），采用统一的包装风格，即用蓝色调、玻璃材质、金属材质、地球
图案、抽象图案等元素构成的金属风格，传达高效、快捷、理性的新闻理念。这
种类型的虚拟场景，运用较为广泛，是一种比较普遍的设计手法。它的制作过程
相对复杂，在本章"实训与创作"一节中会有详细讲解。

图 2-3 《东方时空》栏目包装虚拟场景设计

2.2 二维半虚拟场景设计与创作

二维半虚拟演播室系统也叫准三维系统，是介于虚拟背景和三维虚拟演播室之间的过渡产品，具有良好的性价比。二维半虚拟演播室系统的背景图像生成器类似于虚拟背景系统，它是以一张图片或一组图片为背景，其维度为三维，但又不同于三维虚拟演播室系统。它的虚拟场景必须事先在三维动画编辑软件里设计制作，然后进行渲染，制作成特别大的高清图片以确保视频画面在镜头的推拉、俯仰、平摇过程中不会超出虚拟场景画面。二维半虚拟演播室系统在技术上相对有限，因为是事先生成场景然后进行前景和背景的合成，所以在许多场合无法形成逼真的场景效果。这类三维空间场景与真实虚拟三维空间不同，最终效果是合成为平面图片，再输入虚拟演播室系统。其优点是制作方便、成本低廉，缺点是不能与主持人产生交互。

2.2.1 二维半虚拟场景设计与创作平台

二维半虚拟场景设计创作平台是基于 Windows XP 或 Windows NT 平台上的 Photoshop、Illustrator、3D Max、Lightwave、AutoCAD 软件和基于 SCI 工作站的 Alias、Power Animation、Wavefront、Softimage 等软件。Illustrator 矢量图形软件适合制作栏目标识、字体，以及场景中所需要的平面构成元素。Photoshop 等图像处理软件适合制作三维模型的贴图，以及对生成的三维场景效果图进行二次加工。3D Max、AutoCAD 等三维软件适合制作数据明确的建筑模型。Lightwave 也是一款较为常用的三维软件，由于价格相对低廉，在公司、企业中应用较多。SCI 工作站的制作成本较高，制作的效果比较理想。制作人员可以根据预算和要求选择相应平台和软件。二维半虚拟场景的输出格式与二维虚拟场景的输出格式相同。

2.2.2 二维半虚拟场景设计与创作过程

二维半虚拟场景设计的原理除了上文讲到的整体性原则、功能性原则、审美性原则、创新性原则等通用原则以外，还需要注意的是：①透视一致，二维半虚拟场景是事先在三维软件中制作好虚拟场景，然后生成二维图片导入虚拟演播室系统，透视不能变动，所以摄像机拍摄角度应与场景透视角度一致；②虚拟场景设计应事先考虑到主持人的活动范围，因为二维半虚拟场景是一种伪三维，所以主持人活动范围不宜过大；③事先确定蓝箱的尺度，以及摄像机与蓝箱的位置，在三维软件中依据这个比例创建模型；④电视是隔行扫描，所以物体材质不宜选择间距较小的条纹和斑点，模式制作尽量避免尖锐的角度和边界。

二维半虚拟场景的创作过程是：①分析栏目策划方案，确定场景设计方向；②受众分析，确定设计的思路；③测量演播室蓝箱尺寸，绘制草图；④依据草图，建立三维模型；⑤为模型制作贴图；⑥在三维软件中设计灯光照明；⑦输出二维半图片，在图形处理软件中进行二次加工、完善；⑧将完成的二维半场景图片导入虚拟演播室系统中检测效果，最终修改完成。

第①、②、③个环节为前期策划阶段，与二维虚拟场景设计的步骤大致相同。第④、⑤、⑥个环节为中期制作阶段，大部分工作在三维软件中完成，贴图的制作需要在图像处理软件中完成。第⑦、⑧个环节为后期合成阶段，在图像处理软件中完成。下面具体分析这三个阶段、八个环节的创作过程。

第一阶段：前期策划。

在分析栏目策划方案、明白导演意图后，进行受众分析，比较同类型节目，制定创意方案。测量演播室蓝箱尺寸以及摄像机与蓝箱的距离，确定取景范围，绘制草图。

第二阶段：中期制作。

中期制作分为两个部分，前期部分在三维软件中完成（见图2-4），后期部分在图像处理软件中完成（见图2-5）。首先在三维软件中制定单位，然后按照实际尺寸确定虚拟摄像机的位置，在摄像机视图创建三维模型。与三维虚拟场景制作步骤不同的是，二维半虚拟场景最后生成二维图片，模型不用导入虚拟演播室系统，所以模型设计不受边数限制，尽量制作高精度模型，保证最后渲染的效果。模型完成后，依据模型编辑材质，可以在图像处理软件中完成贴图的制作，也可以直接使用素材文件。材质编辑可以与灯光布置一起进行，这样便于观察最终效果。

灯光的设计一般为三盏主要光源照明全局，主光源设计一盏目标聚光灯，两侧光源设计两盏明度较小的泛光灯。灯光设计的方案是灵活的，不同的场景，方案各不一样。最后制作完成，渲染输出为二维图片格式。需要注意的是，虚拟演播室系统不接受半透明材质和动态模型，所以要避免这两种情况。

第三阶段：后期合成。

为了追求完美的视觉效果，直接渲染的三维图片往往不能满足播出的要求，需要在后期图形处理软件中进行二次加工，调节图片的色彩层次，添加光效、纹理、阴影等细节。制作完成后，导入虚拟演播室系统测试，检查成像效果，发现错误，最后修改完成。下图为广东卫视的《深蓝财经》栏目虚拟场景方案（笔者制作）。

图 2 - 4　《深蓝财经》栏目虚拟场景草图　　　图 2 - 5　《深蓝财经》栏目虚拟场景效果

2.2.3　二维半虚拟场景设计与创作案例

相对于二维虚拟场景，二维半虚拟场景的表现手法多样，适合的影像类型也更为广泛。下面分析几种常见的表现形式。

【案例 1：播报类电视栏目的应用】

中央电视台财经频道（CCTV - 2）的《第 1 时间》栏目在播报新闻事件时背景是一个虚拟的电视屏幕（见图 2 - 6）。另一个方案是国外某天气预报栏目的虚拟电视屏幕形式（见图 2 - 7）。主持人一般为站姿或坐姿，取景有全景、中景和近景。主持人的运动范围较小，或基本不动。背景设计多为虚拟的室内空间，大部分显示一个面（立面），也可以显示两个面（立面和地面）。这种形式便于展示播报内容，适合新闻、气象预告等类型栏目。

图 2-6 《第1时间》栏目

图 2-7 国外某电视栏目

【案例2：电视栏目片头的应用】

　　虚拟演播室技术不仅可用于录制电视栏目，在栏目片头、频道形象宣传片、电影特效的制作中也广泛应用，比如中央电视台财经频道（CCTV－2）的《咏乐汇》栏目片头，就运用了虚拟演播室技术（见图 2-8）。拍摄对象事先在虚拟演播室录制好影像，设计人员再制作出相应的虚拟场景，最后在计算机软件中进行合成，也可以先做出虚拟场景，然后拍摄对象在虚拟演播室录制影像。两种方法各有利弊，可以根据具体情况进行选择。

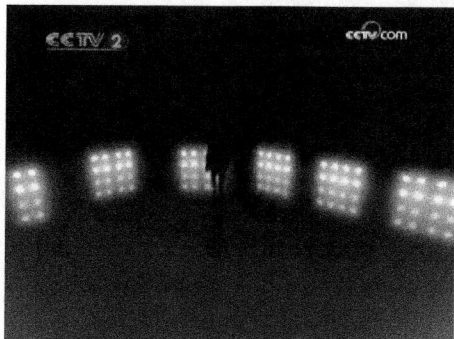

图 2 - 8　　《咏乐汇》栏目

【案例 3：非现实题材的应用】

在旅游栏目、影视短片中也可以运用虚拟演播室技术制作影片中需要出镜的场景。这类场景题材较多，如惬意海岛、梦幻星空、古代城堡等。这类题材的应用可以拓宽学生创作的思路，丰富影片的表现手法。（见图 2 - 9）

图 2 - 9　非现实题材的应用（学生作品：广东技术师范学院 广播电视编导专业 林淑贤）

2.3 三维虚拟场景设计与创作

三维虚拟场景是构成虚拟演播室场景的重要部分,形成光、影、音、色的造型因素。根据需要的效果,演播室三维场景可以应用于不同类型的节目。在音乐舞蹈节目中,三维虚拟场景需要装饰性的设计、强烈的灯光搭配,突出节目表演的舞台效果。在娱乐节目中,三维虚拟场景需要搭配节目内容,大多数要求色彩鲜艳大胆,线条明朗。在生活节目中,根据不同性质采用穿插现实或想象的设计,让节目背景看上去舒服、温馨。在新闻类节目中,设计应当简洁大方,色彩空间的变化、传统或现代的图形风格使节目本身更加充实漂亮又具有说服力。

三维虚拟场景是充满想象力的设计,随着技术的不断发展,三维虚拟场景设计不断突破传统场景的束缚,尽情发挥创造力,把奇思妙想搬上荧屏,让观众感受到前所未有的视觉冲击力。

2.3.1 三维虚拟场景设计与创作平台

三维虚拟场景设计与创作平台是基于 Windows XP 或 Windows NT 平台上的 Photoshop、Illustrator、3D Max、Lightwave、AutoCAD 软件和基于 SCI 工作站的 Alias、PowerAnimation、Wavefront、Softimage 等软件。即时渲染建立在特定计算机系统基础之上,场景的复杂程度受到计算机运算能力的限制。如果使用 SGI 的 ONXY 图形工作站,价格较为昂贵。如果采用 PC 机渲染,为了保证渲染的流畅性,场景文件的容量不宜过大。三维虚拟场景模型的大小应符合摄影机运动的轨迹,以及主持人运动的区域。三维虚拟场景的尺寸应与摄影机及蓝箱的位置相匹配,一般虚拟演播室系统会有一个固定的尺寸供参考。以数字三维虚拟演播室系统 Top3D Set 为例,在三维软件中,摄影机的尺寸应设置为 x 轴坐标 0.0,y 轴坐标 -4 000,z 轴坐标 1 250,目标点的尺寸应设置为 x 轴坐标 0.0,y 轴坐标 0.0,z 轴坐标 1 250。模型格式为 *.3DS,贴图格式为 *.tga 或 *.bmp,模型名称应与贴图名称一致。

2.3.2 三维虚拟场景设计与创作过程

三维虚拟场景设计比二维、二维半虚拟场景设计更复杂,设计原理除了包含前两种的设计原则以外,还需注意的是:①低边形建模。与二维半虚拟场景建模不同的是,三维虚拟场景的面数受到虚拟演播室系统的严格控制,以数字三维虚拟演播室系统 Top3D Set 为例,面数不能超过 4 000 个,所以要使用低边形建模。

②空间感的营造。三维虚拟场景往往制作多个空间层次，基本有三个，分别是前景层、中景层、背景层，这样主持人可以穿梭其中，发挥三维空间的优势。③贴图名称和模型的名称必须一致，否则在虚拟演播室系统中无法显示。④由于采用即时渲染技术，虚拟演播室系统对模型的精度要求较高，模型不能有错误，比如交错的面，没有焊接的点，或是法线不对等，因此需要对模型进行严格检查。⑤灯光不能直接导入虚拟演播室系统中，所以需要事先做好烘焙的工序，这一项是比较重要的环节，也是难点，烘焙的贴图数量不宜过多。⑥虚拟演播室系统不能接受三维动画，如果想要制作动态的效果，需要在虚拟演播室系统中编辑。虚拟演播室系统的动态较为简单，只有移动、旋转和放缩这三个基础变换方式。

三维虚拟场景的创作过程是：①分析栏目策划方案，确定场景设计方向；②受众分析，确定设计的思路；③测量演播室蓝箱尺寸，绘制草图；④依据草图，建立三维模型；⑤为模型制作贴图，与普通场景制作不同的是，贴图要求采用UV贴图坐标定位的方式，以保证即时渲染不会出错；⑥在三维软件中设计灯光照明，然后进行材质烘焙；⑦将完成的模型和贴图导入虚拟演播室系统中检测效果，最终修改完成。

第①、②、③个环节为前期策划阶段，与上文所述的步骤大致相同。第④、⑤、⑥个环节为中期制作阶段，需要建立低边形模型，制作UV贴图，使用灯光烘焙技术。第⑦个环节为后期合成阶段，在虚拟演播室系统中编辑动态效果，检测调试模型和贴图。下面具体分析这三个阶段、七个环节的创作过程。

第一阶段：前期策划。

调研和创意方面与上文所述基本相同，在设计时需要注意模型不能太复杂，一些细节可以巧妙地运用贴图实现，或者采用二维半的贴图技术，事先建立好高精度模型，然后再渲染成材质，赋给低精度模型。灯光采用烘焙技术，所以材质不宜过多。（见图2-10）

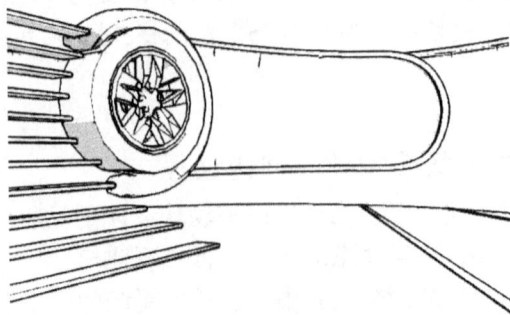

图2-10　前期草图

第二阶段：中期制作。

首先是设置单位，创立虚拟摄影机的位置。然后建立低边形模型。与二维半虚拟场景不同的是，模型尽量避免使用高精度的复合型放样建模、布尔运算等命令，而使用利于即时渲染的多边形编辑命令。这样可以保证模型没有多余的点、线、面，把有限的面都放在主要的构图中，最大限度地丰富造型效果。贴图的制作，与二维半不同的是，采用 UV 展开方式，保证在虚拟演播室即时渲染的时候，模型与贴图能够完全定位。较为复杂的细节效果可以在图形处理软件中绘制完成，这样可以节省有限的面，这也是技术难点之一。在模型与贴图制作完成以后，按照常规方法布置灯光，然后采用灯光烘焙技术，将灯光效果烘焙到贴图中，最后把烘焙好的贴图二次赋给模型。（见图 2－11）

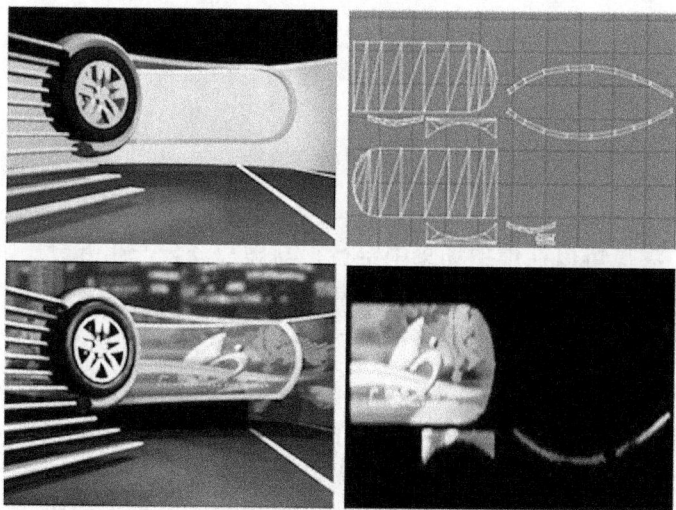

图 2－11　中期制作图

第三阶段：后期合成。

后期检测在三维虚拟场景的制作环节中是十分重要的，因为虚拟演播室系统对模型和贴图的要求较高，加上烘焙技术会使贴图效果变暗，往往需要反复检测调试才能成形。如果需要制作动态效果，还需要在虚拟演播室系统中编辑制作。全部制作完成后，就可以录制节目了。（见图 2－12）

图 2 – 12　最终效果（学生作品：广东技术师范学院 广播电视编导专业 殷暖荷）

三维虚拟场景是虚拟演播室场景设计的难点，涉及软件较多，制作流程繁杂，需要反复练习才能掌握。

2.3.3　三维虚拟场景设计与创作案例

三维虚拟场景形式多样，有水墨、写实、卡通、金属等多种风格。因为在真三维空间里，演员可以在虚拟场景中穿行，与虚拟场景产生互动，画面表现内容丰富，所以三维虚拟场景在许多电视栏目和影视特效中崭露头角，成为影视创作的新风尚。下面介绍几种不同风格的案例。

【案例 1：水墨风格】

中央电视台综艺频道（CCTV – 3）的频道形象宣传片，采用真人拍摄与虚拟场景合成的方法，展现敦煌飞天仙境，营造东西方文化交融的艺术氛围。影片风格唯美、写意，具有较高的艺术价值。这种风格适合表现在现实中没有的、梦幻的场景，营造独特的视听效果。（见图 2 – 13）

图 2 - 13　CCTV - 3 频道形象宣传片

【案例 2：写实风格】

中央电视台综合频道（CCTV - 1）的《证据在说话》栏目，设计者用虚拟场景再现案件发生地，使观众身临其境。这种写实风格的虚拟场景除了具有一定的审美功能，还承载交代故事背景、时间和环境的叙事功能。主持人事先在虚拟演播室录制好影像，设计人员在后期把主持人影像与虚拟场景合成在一起，制成栏目内容。这种风格的虚拟场景应用面较广，适合法制类、新闻类、访谈类等电视栏目。（见图 2 - 14）

图 2 – 14   《证据在说话》栏目

【案例 3：机械风格】

凤凰卫视的《军情观察室》栏目，主持人身穿戎装，在类似高科技指挥营的虚拟场景中录制节目。其中细节部分可以借助精细的贴图，动态部分可以将事先录制好的动画以影像的方式置入虚拟空间的显示屏中。与二维半虚拟场景不同的是，随着摄影机的摇动，三维场景能够真实地跟随变换角度，这种机械风格的场景形式比较新颖、生动。（见图 2 – 15）

图 2 – 15   《军情观察室》栏目

【案例 4：多层空间】

凤凰卫视的《有报天天读》栏目，随着主持人从荧幕左侧走入画面中心，摄影机跟随聚焦主持人的面部，期间虚拟场景也跟随变换，形式感很强。这个案例的三维虚拟场景分成多个层次，有前景层、中景层和背景层。前景层的模型是两个面片，采用带通道的贴图方式，模仿中国古代木质屏风。中景层是主持人身后的电视墙，用来显示新闻事件，并起到衬托主持人的效果。背景层是后面颜色较暗的背景贴图。这种分层的制作手法可以表现丰富的空间层次，给观众以美的体验。（见图 2 – 16）

图 2 – 16　《有报天天读》栏目

【案例 5：卡通风格】

该案例是学生为校园频道设计的《最天气》栏目，以讲冷笑话的方式播报天气，栏目定位为幽默、诙谐的卡通风格。主持人身着红色服饰，与绿色调的虚拟场景形成对比，栏目用动画效果展示天气，提醒观众出行注意事项。这种风格的电视栏目轻松、幽默，符合年轻人的审美趣味。（见图 2 – 17）

图 2 - 17　卡通风格（学生作品：广东技术师范学院 广播电视编导专业 陈一敏）

2.4　实训与创作

2.4.1　实训一：《广师视频新闻》二维虚拟场景（笔者制作）

栏目名称为《广师视频新闻》，收视群体大部分为 18~22 周岁的大学生，也有各年龄段的教职工。栏目定位为科技、创新、富有时代感的风格。关于造型设计，背景是地图卷轴和光效合成的画面效果，辅助图形采用简洁的方形图案，配以速度感的透视效果和蓝色基调，节目高效、时尚的特点非常鲜明（见图 2 - 18、图 2 - 19）。计算机平台是 Windows XP，软件是 Photoshop。具体步骤如下：

图 2 - 18　《广师视频新闻》栏目

图 2 - 19　"内容提要"效果图

步骤一：

创建文件。选择菜单命令下"文件"——"新建"命令，在弹出的对话框"名称"一栏中输入"二维虚拟背景"，在"预设"栏中选择"胶片和视频"选项，在"宽度"栏中输入"720"，在"高度"栏中输入"576"，单位选择"像素"。其他值选择默认，点击"确定"。（见图2-20）

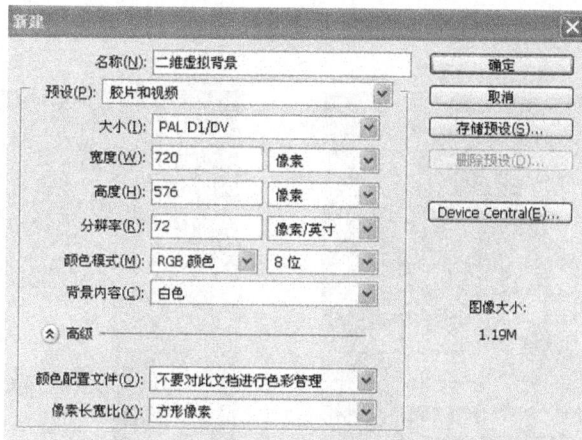

图2-20 步骤一

步骤二：

为背景图层填充渐变色。在"图层"面板框选择"背景"层，在"工具栏"中选择"渐变工具"，在"渐变工具"的"属性"栏中选择"渐变编辑器"，打开"渐变编辑器"对话框，选择左边渐变颜色为#0132f7，右边渐变颜色为#0c6dfc，点击"确定"。在"渐变工具"的"属性"栏中选择，选择"背景"层，从左至右填充渐变色。（见图2-21）

步骤三：

创建辅助图形。在"图层"面板中选择，新建"图层1"。在"工具栏"中选择"圆角矩形工具"，在"圆角矩形工具"的"属性栏"中选择"填充

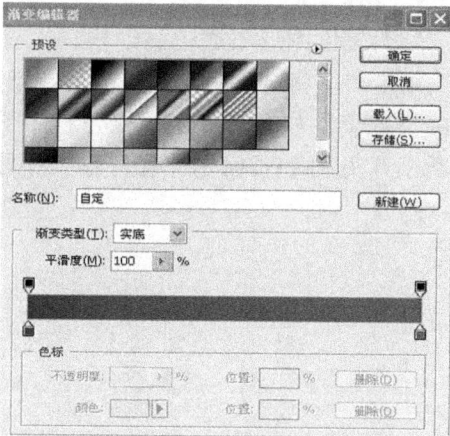

图2-21 步骤二

像素"模式,"半径"值输入 5 像素。在"图层 1"中创建 25×25 像素大小的圆角矩形,并使用"移动工具",结合 Alt 键,移动复制多个圆角矩形,并排列成不规则图案。图案填充颜色号为#4fb4e2。(见图 2 - 22)

步骤四:

为辅助图形制作透视效果。选择菜单命令下的"编辑"栏,选择"自由变换"命令,右键选择"透视"选项,移动左右两侧控制点,调试成图例效果,并将"图层 1"的透明度调整为 60%。(见图 2 - 23)

图 2 - 22　步骤三

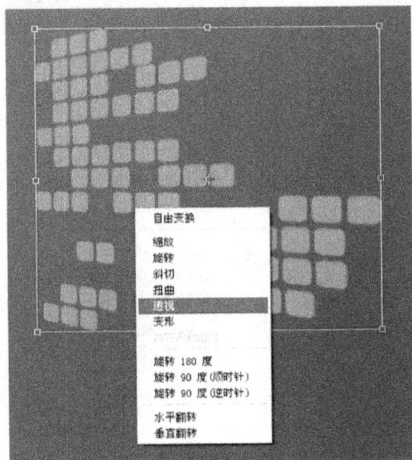

图 2 - 23　步骤四

步骤五:

为辅助图形添加"高斯模糊"命令。拖拽"图层 1"至新建命令 ⌐,复制"图层 2"。将"图层 2"拖拽至"图层 1"下方,选择"图层 2",点击菜单栏中的"滤镜"栏,选择"模糊"栏中的"高斯模糊"命令。打开"高斯模糊"对话框(见图 2 - 24),半径值输入 5 像素,得到图 2 - 25 的效果。

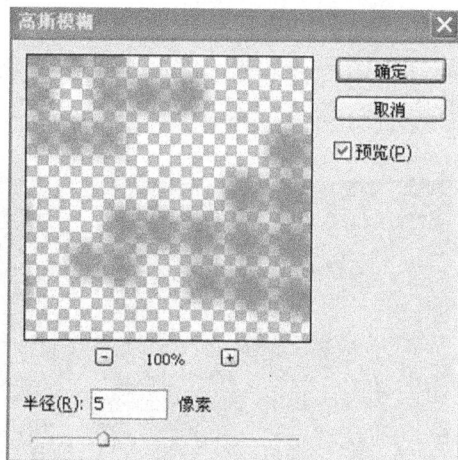

图2-24 步骤五

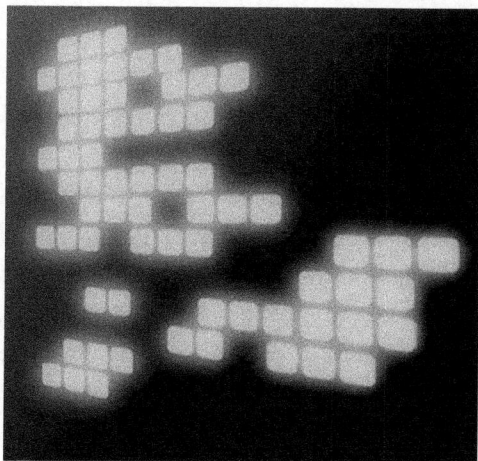

图2-25 步骤五（效果图）

步骤六：

制作地图卷轴效果。打开"地图.jpg"素材，用"工具栏"中"矩形选框工具"选择长方形素材，见图2-26所示1，并复制到"二维虚拟背景.psd"文件中，形成"图层3"。为"图层3"添加渐变色，左边颜色控制点为#2489fb，右边颜色控制点为#57cbfc。渐变填充模式选择 对称式。从中心至右水平添加渐变色，见图2-26所示2。新建"图层4"，用"矩形选框工具"在地图图案中间创建长方形矩形，并添加白色到透明的渐变色，见图2-26所示3。将"图层4"的模式选择为"柔光"，见图2-26所示4。

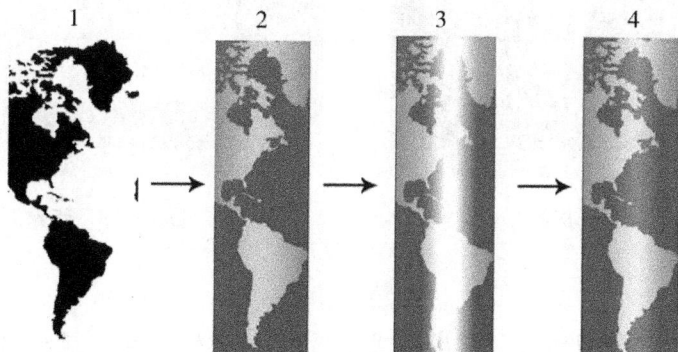

图2-26 步骤六

步骤七：

完善背景图片细节。新建"图层5"，添加地图展开效果，并将透明度调整为20%。添加"光效.png"素材，完成背景图片的制作。（见图2-27）

步骤八：

添加角标。新建图层，在界面下方创建长条矩形，并添加渐变色，左边颜色号为#8ae2fe，右边颜色号为#4fb4e2，并为角标添加白色描边"图层样式"。用同样的方法制作左侧角标，并将"科技.png"素材拖拽至"二维虚拟背景.psd"文件中，调整图层模式为"强光"。在界面左上角，添加"logo.png"素材拖拽至合成文件中。（见图2-28）

图2-27　步骤七

步骤九：

制作显示面板。新建图层，创建半径为30像素的圆角矩形。为其添加白色至灰白色的渐变填充。复制该图层。在下面的图层中，使用"矩形选框工具"，将羽化值输入为"50"，删除中间部分。为上面的图层添加白色描边的"图层样式"。添加艺术字体。（见图2-29）

图2-28　步骤八

图2-29　步骤九

步骤十：

合成输出。"背景图片"输出格式为bmp。"角标"与"显示面板"合并图层后，输出格式为tga。案例制作完成，选择菜单"文件"中的"存储为"命令，在弹出的对话框中，在"格式"下拉菜单中选择相应输出格式，输入相应文件名，点击"保存"即可。

　　二维虚拟场景制作的要点是，创意思路、色彩的搭配、细节的处理以及与主持人的构图关系。这个案例介绍了一种常规类型的造型设计和制作方法，包含了演播室虚拟场景设计中的背景设计、角标设计和标识设计。二维虚拟场景设计的类型很多，还有卡通风格、水墨风格、唯美风格等。在设计和制作中需要考虑具体的栏目特点和导演的要求，据此进行不同风格的尝试与创作。

2.4.2　实训二:《广师视频新闻》二维半虚拟场景（笔者制作）

　　二维半虚拟场景中后期制作分为四个部分，第一部分为三维建模，第二部分是编辑材质，第三部分是灯光调节，第四部分是合成输出。前三个部分在 3D Max 软件中完成，后一个部分在 Photoshop 软件中完成。通常情况下，在三维软件中输出的图片不够理想，需要在 Photoshop 软件中进一步调整。如果在三维软件中输出的图片质量达到要求，也可以省略第四部分，将图片直接应用于虚拟演播室系统中。下面以"广师视频新闻"虚拟演播室设计为例，分析二维半虚拟场景的制作步骤。（见图 2 - 30、图 2 - 31）

图 2 - 30　《广师视频新闻》栏目场景 1　　　　图 2 - 31　《广师视频新闻》栏目场景 2

1.　三维建模

步骤一:

　　选择新建命令面板下的 ⚙图形面板，选择"样条线"中的"星形"工具，在前视图中绘制五角星，如图 2 - 32 所示 1。选择 🖊修改命令面板，选择"修改器列表"，选择"编辑样条线"。选择"样条线" ⋀模式，选择五角星，选择"几何体"卷展栏下的"轮廓"命令，拖拽出双线，如图 2 - 32 所示 2。

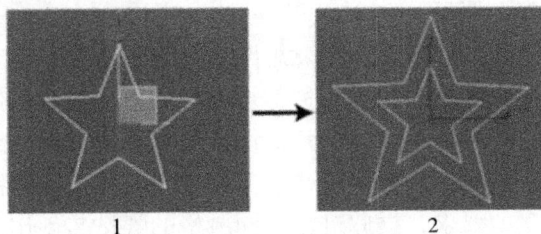

图 2 - 32　步骤一

步骤二：

选择 ⬧ 图形面板，选择"样条线"——"矩形"工具，在前视图中绘制矩形，如图 2 - 33 所示 1。选择五角星，选择 ⬧ 修改命令面板，选择"编辑样条线"下的"附加"命令，添加矩形。选择"样条线"，选择"布尔"，选择"合并" ⬧ 。调整图形，如图 2 - 33 所示 2。

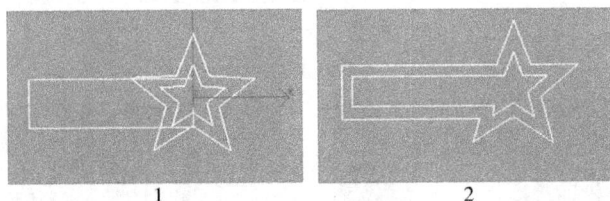

图 2 - 33　步骤二

步骤三：

选择"修改器列表"，选择"挤出"命令，在"参数"——"数量"值输入"10"。复制图形，选择"编辑样条线"，将复制图形的外轮廓线删除，如图 2 - 34 所示 1。用同样的方法复制制作图形 2，如图 2 - 34 所示 2。

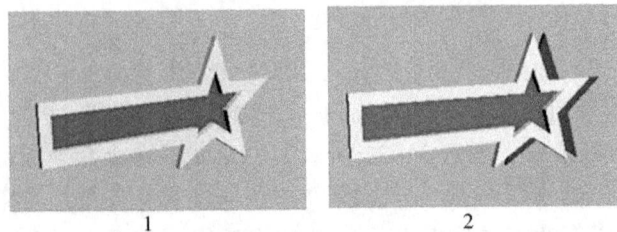

图 2 - 34　步骤三

步骤四：

选择 ⊙ 几何体面板，选择"长方体"，在顶视图上创建适合长方体。选择 ✍ 修改命令面板，选择"编辑多边形"，选择"选择"卷展栏下的 ⋯ 点模式，使用移动工具将长方体调整成梯形体。（见图2-35）

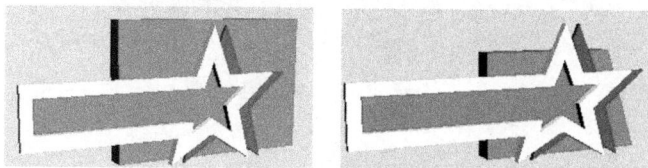

图2-35 步骤四

步骤五：

创建多个长方体，并使用复制命令，复制多个形体。选择"修改器列表"中"FFD2×2×2"命令，调整图形与梯形体匹配。（见图2-36）

图2-36 步骤五

步骤六：

创建两个交错的矩形，使用"编辑样条线"命令，选择 ◈ 布尔运算差集命令。调整样条线的控制点，与梯形体匹配。选择"挤出"命令，制作以下形体。（见图2-37）

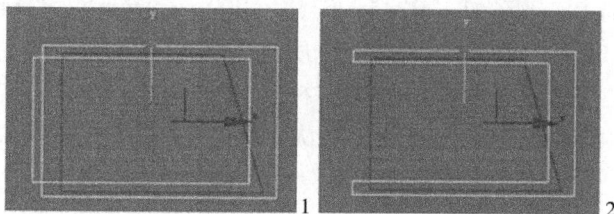

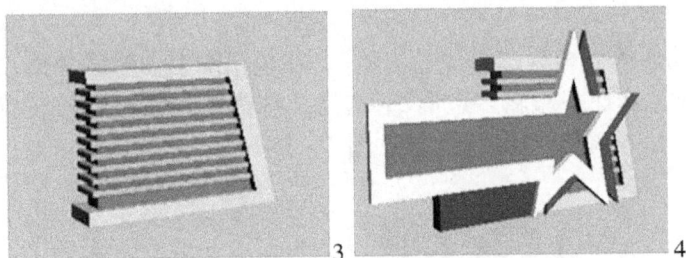

图2-37 步骤六

2. 编辑材质

步骤一：

磨砂金属材质。为五角星背景墙添加磨砂金属材质。五角星背景墙的材质为多维材质，由两个材质组成。材质1为正面材质，材质2为侧面材质（见图2-38）。

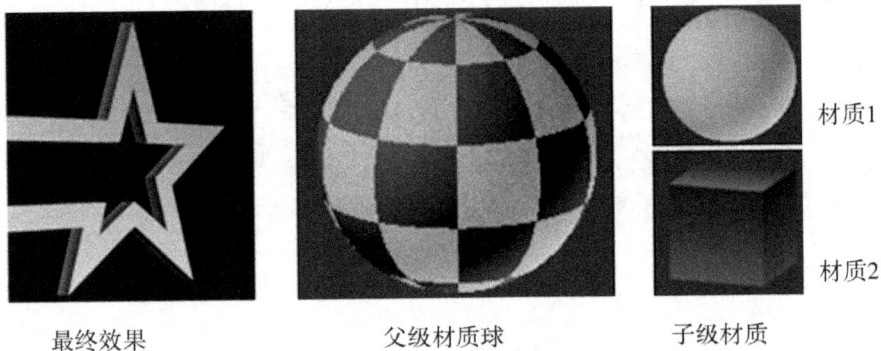

最终效果   父级材质球   子级材质

图2-38 步骤一材质

具体制作方法如下：

制作材质1，首先为"漫反射颜色"控制条添加渐变材质（Gradient），渐变色的RGB值分别为：颜色#1（R245，G115，B0），颜色#2（R244，G197，B9），颜色#3（R250，G217，B83）。将渐变材质复制到"自发光"控制条，数量值设为"100"。为"凹凸"控制条添加噪波材质（Noise），在"噪波参数"卷展栏下将"大小"值设为"0.8"，其他为默认数值。（见图2-39）

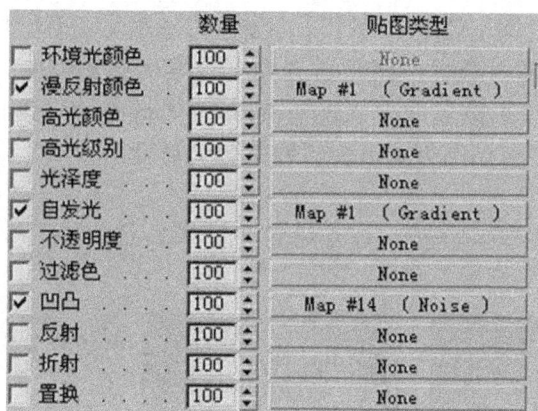

图2-39 步骤一材质面板

制作材质2，首先为"漫反射颜色"控制条添加渐变材质（Gradient），渐变色的RGB值分别为：颜色#1（R95，G63，B7），颜色#2（R137，G93，B16），颜色#3（R158，G150，B58）。其他为默认数值。

步骤二：
荧光材质。为五角星背景添加荧光材质（见图2-40）。

最终效果

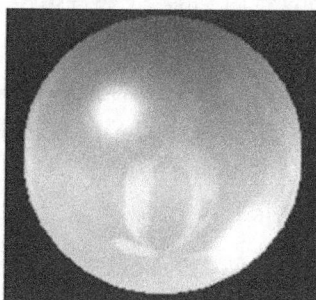

荧光材质

图2-40 步骤二

具体制作步骤如下：
将材质类型设置为"金属"，打开"金属基本参数"卷展栏，将"反射高光"的"高光级别"设为"23"，"光泽度"设为"82"。为"漫反射颜色"控制条添加渐变材质（Gradient），渐变色的RGB值分别为：颜色#1（R108，G0，

B230），颜色#2（R128，G214，B215），颜色#3（R218，G190，B249）。为"反射"控制条添加位图材质，位图材质选择上个案例中制作的"二维虚拟演播室背景.jpg"图片。反射数量设为"30"。打开位图材质的"坐标"卷展栏，将坐标类型设为"环境"，贴图方式设为"收缩包裹环境"。

步骤三：

鎏金材质。为标识字体添加鎏金材质（见图2-41）。

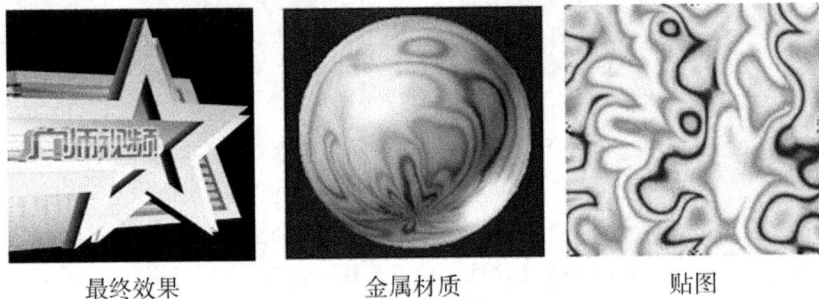

最终效果　　　　　　　金属材质　　　　　　　贴图

图2-41　步骤三

将材质类型设置为"金属"，打开"金属基本参数"卷展栏，将"反射高光"的"高光级别"设为"22"，"光泽度"设为"80"。在贴图区"反射"控制条添加"金属材质.jpg"，数量值设为"50"，贴图类型设为"收缩包裹"。

3．灯光调节

在顶视图中，从左下向右上的目标点建立"目标聚光灯"主光源，将"强度/颜色/衰减"值设为"220"。在两侧分别建立"泛光灯"辅助光源，将"强度/颜色/衰减"值设为"150"。（见图2-42）

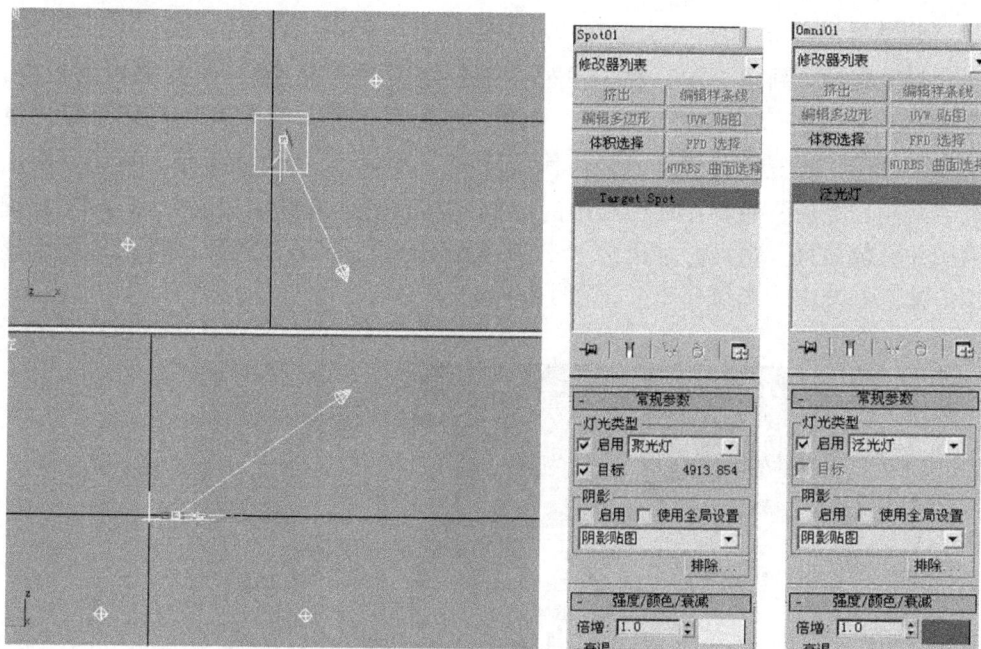

图 2 - 42   灯光布局

4．合成输出

在 3D Max 中将制作好的模型输出为二维图片，命名为"背景．jpg"，在 Photoshop 中打开，进行修改与最终合成。

步骤一：

添加背景。在 Photoshop 中打开三维软件渲染的二维图片，如图所示。选择 "图层"面板中的 ⬛新建图层，添加"蓝色灯光背景．jpg"。

步骤二：

添加投影。选择"图层2"，选择"图层"面板中 *fx*．，为"图层2"添加 "图层样式"。在弹出的"图层样式"面板中，勾选"投影"，将投影的"大小" 值设为"40"。打开"设置阴影颜色"，将阴影颜色设置为深蓝色。

步骤三：

调整局部色调。选择"背景图层"，使用钢笔工具 ✒️，选取地板区域。打 开菜单栏中"图像"下拉菜单，选择"调整"——"色相/饱和度"命令，在弹 出的"色相/饱和度"面板中，降低饱和度，数值输入为"－5"。

步骤四：

制作光效。新建图层，在工具栏中选择多变边工具 ⬡，在其属性面板中，选择"几何选项"，选择"星形"，"边"值输入"4"，在视图中创建星形。复制多个星形，放置在背景灯光处。使用笔刷工具 ✏️ 绘制白色高光，为场景添加细节。制作完后，选择图层面板中的"创建新的图层或调整图层"命令 🔘，调整图片整体效果。最后，输出为"二维半虚拟场景.bmp"图片。将图片导入虚拟演播室系统中，测试效果。（见图 2-43）

图 2-43　最终效果

【思考题】

1. 虚拟场景设计的概念是什么？
2. 虚拟场景设计包括哪几种类型？制作流程是什么？
3. 虚拟场景应用在哪些领域？
4. 如何区别二维半与三维虚拟场景设计？
5. 三维虚拟场景设计应注意的事项有哪些？
6. 针对校园频道的访谈类栏目，制作一款三维虚拟场景。

3

摄像机运动跟踪技术

　　本章主要阐述了机械传感器跟踪系统、辅助摄像机跟踪系统、红外线传感摄像机跟踪系统、网格识别摄像机跟踪系统的工作原理，介绍了不同跟踪系统的特性和调试方法以及它们之间的性能对比，并介绍了深度跟踪系统。

【本章学习要点】

通过本章的学习，掌握摄像机跟踪系统的工作原理，了解摄像机跟踪系统的特性，掌握各类摄像机跟踪系统调试方法以及各类摄像机跟踪系统性能的对比。

【本章内容结构】

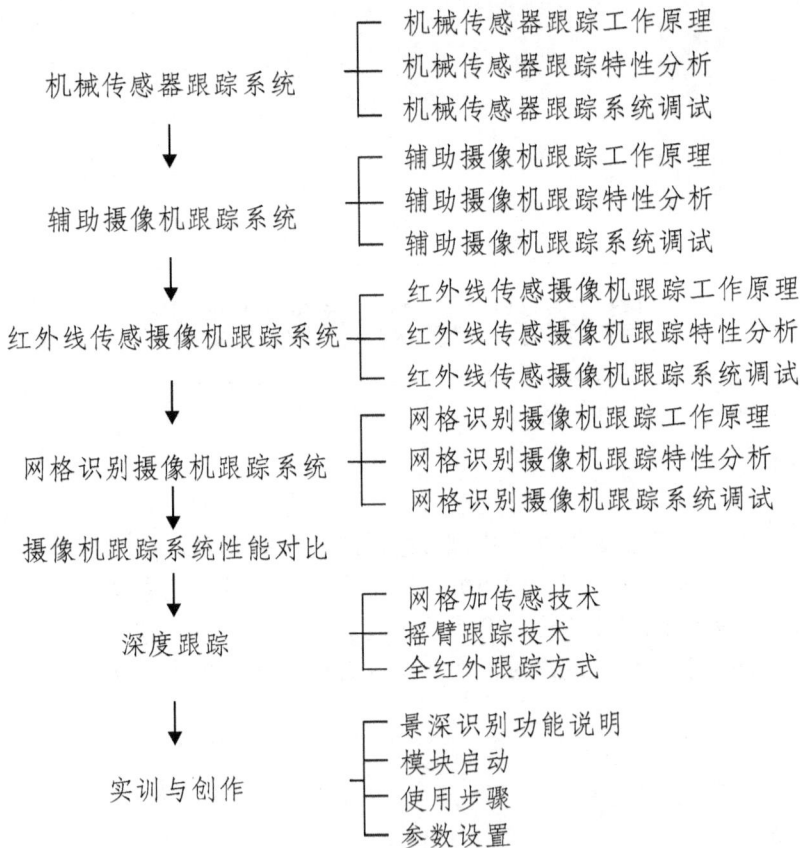

```
机械传感器跟踪系统 ┬─ 机械传感器跟踪工作原理
          │       ├─ 机械传感器跟踪特性分析
          │       └─ 机械传感器跟踪系统调试
          ↓
辅助摄像机跟踪系统 ┬─ 辅助摄像机跟踪工作原理
          │       ├─ 辅助摄像机跟踪特性分析
          │       └─ 辅助摄像机跟踪系统调试
          ↓
红外线传感摄像机跟踪系统 ┬─ 红外线传感摄像机跟踪工作原理
          │             ├─ 红外线传感摄像机跟踪特性分析
          │             └─ 红外线传感摄像机跟踪系统调试
          ↓
网格识别摄像机跟踪系统 ┬─ 网格识别摄像机跟踪工作原理
          │           ├─ 网格识别摄像机跟踪特性分析
          │           └─ 网格识别摄像机跟踪系统调试
          ↓
摄像机跟踪系统性能对比
          ↓
深度跟踪 ┬─ 网格加传感技术
          │  ├─ 摇臂跟踪技术
          │  └─ 全红外跟踪方式
          ↓
实训与创作 ┬─ 景深识别功能说明
          ├─ 模块启动
          ├─ 使用步骤
          └─ 参数设置
```

3.1 机械传感器跟踪系统

传感器跟踪系统的工作原理决定其特性，不同的传感器跟踪系统，其跟踪特性不同，调试方法也不一样。认识机械传感器跟踪系统，要了解机械传感器跟踪系统的工作原理和跟踪特性，并掌握机械传感器跟踪系统调试方法。

3.1.1 机械传感器跟踪工作原理

机械传感器跟踪系统是用来采集摄像机的位置及透视数据。为测量摄像机的镜头（机头）运动参数，需要在摄像机镜头和云台上安装附加装置，这个装置包含传感器和有关电子装置，称为运动参数编码器，简称编码器。当变焦环或聚焦环发生位置变化时，镜头编码器测量摄像机上下左右运动的角度得到其位置参数，通过液压摇摆头上的编码器得到上下左右位置参数。机头编码器测量摄像机上下左右运动的角度得到其位置参数，再通过一些串行接口类型如 RS - 232 或 RS - 422 将数据输入计算机。摄像机位置参数的确定也可用类似的编码器方式测量，将摄像机安装在三脚架、云台或升降臂上，由三脚架、云台或升降臂的参数决定摄像机的位置和高度。

3.1.2 机械传感器跟踪特性分析

利用机械跟踪方式有许多优点，主要有：采集的摄像机参数数据量不大，运算相对简单，处理时间短，时延很少，精确度高，工作稳定；背景简单，摄像机运动不受限制；演员可以自由活动，更容易融入虚拟场景；可自由使用真实的蓝色支持道具，不用担心遮挡网格。

缺点：必须在摄像机镜头及云台上安装专用编码器，并且每台摄像机必须有一个跟踪器，因此演播室中可使用的摄像机的种类及数量受到限制；机械跟踪系统部分过于庞大、笨重，摄像机使用不便，且不能使用手持式摄像机，对摄像机有要求；摄像机的镜头测量、校正较困难；定位较耗时；摄像机位置变换后须重新调整，给操作和使用带来不便。

3.1.3 机械传感器跟踪系统调试

下面以深圳迪乐普公司 Top3D Set/Smart3D Set 虚拟演播室为例，进行跟踪系统调试。

Camera Config. exe 是跟踪配置软件，主要用来配置跟踪参数和测量镜头张角。

1. 主界面

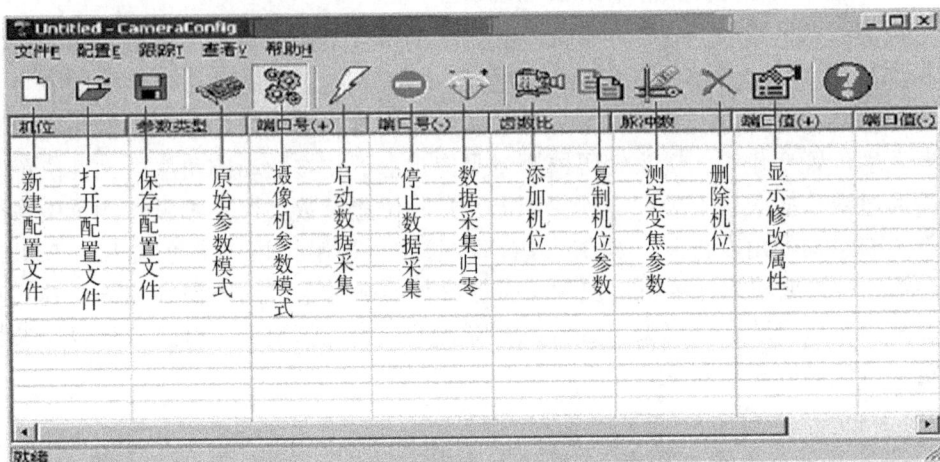

图 3-1 主界面

2. 功能说明

跟踪参数设置好后，可以保存到文件。虚拟系统要求配置文件名必须为 Trace. cam，且与虚拟程序的 exe 文件位于同一个目录。优化三维版 Trace. cam 必须与 kapokui. exe 在同一个目录下，真三维版必须与 kapokrender. exe 在同一个目录下。具体说明如下：

（1）新建配置文件。

（2）打开配置文件。

（3）保存配置文件。

（4）界面切换：原始参数模式和摄像机参数模式。

①原始参数模式：可以看到采集卡当前计数值。无任何实际含义，只是表示是否有计数信号。主要用来查看跟踪系统的信号连接情况。必须在跟踪启动后才能看到，软件会自动检测当前电脑上安装的采集卡，并且显示每一个采集卡的计数值。

②摄像机参数模式：必须在跟踪启动后才能看到变化的数值，可以看到转换为摄像机姿态参数的数值。

③各列的含义：

机位：表明机位顺序。

参数类型：某个机位的姿态参数，如平摇、俯仰、变焦。

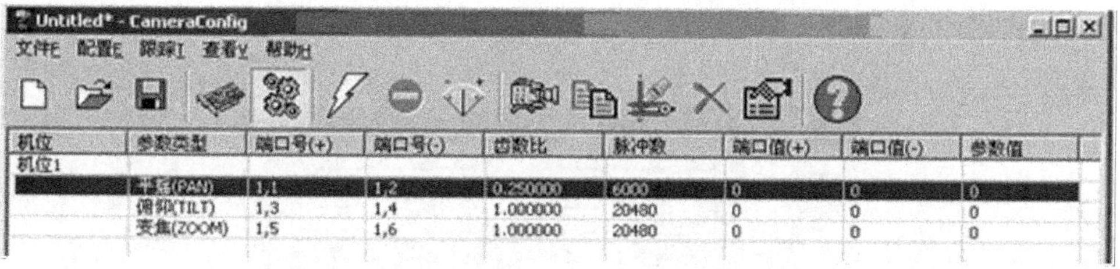

图 3 - 2　机位姿态参数图

端口号：由卡号和计数器号组成，如（1，2）表示卡1的2号计数器。每个参数由两个端口组成，如平摇（1，1）（1，2）。

齿数比：编码器齿轮与主动齿轮的齿数比。变焦一般为1，俯仰一般不为1。

脉冲数：一般固定。

端口值：计数器的值。

参数值：经过换算的计数值，已经变成摄像机的姿态参数。

（5）参数修改 ：显示当前机位或者某个参数的属性。

平摇、俯仰属性：

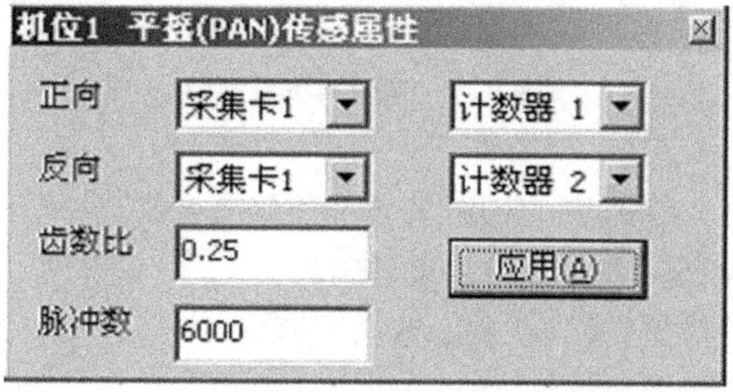

图 3 - 3　平摇传感属性图

变焦属性：

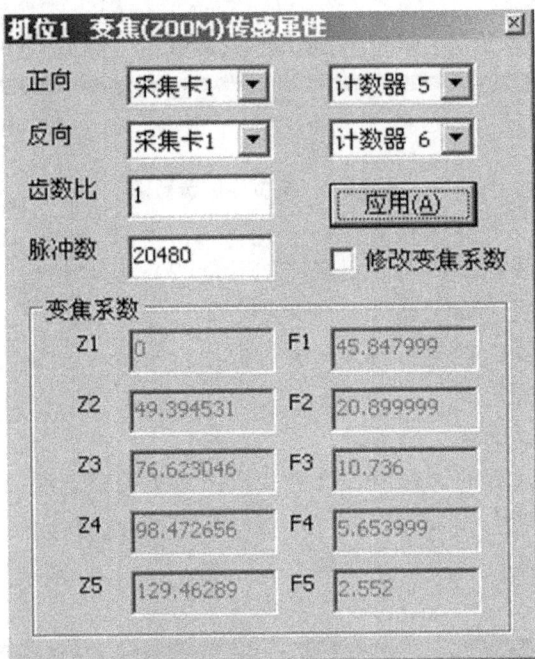

图 3 - 4　变焦传感属性图

修改完属性后一定要点"应用"，才能使修改生效。

（6）删除机位 ✖：把设置好的机位删除。

（7）更改机位顺序：Ctrl 加向上或向下箭头。

3. 常见问题和注意事项

（1）虚拟系统的要求配置文件必须是 Trace. cam，且必须与虚拟的执行文件位于同一个目录。

（2）属性修改后必须点"应用"，修改才能生效。

（3）修改完后，必须保存，才能把修改后的参数保存到文件。

（4）在虚拟运行中发现跟踪参数互换，例如，摄像机平摇时，场景上下动，而摄像机俯仰时，场景左右动，则需打开配置文件把平摇和俯仰的端口号互换。如原始平摇（1，3）（1，4），俯仰（1，1）（1，2），设置成新的平摇（1，1）（1，2），俯仰（1，3）（1，4），然后保存退出，重新启动虚拟系统，即可使平摇和俯仰正确。

（5）在虚拟运行中发现跟踪方向相反，如摄像机平摇时，场景跟主持人的运动方向相反，则需打开配置文件，把平摇的计数号互换。如原始平摇（1，2）（1，1），设置成新的平摇（1，1）（1，2），然后保存退出，重新启动虚拟系统，即可使平摇正确。

（6）如果发现变焦跟踪效果不太好，则在保证变焦系数测量正确的情况下，可以微调变焦系数的 F1 参数。

（7）平摇齿数比的测定方法：

①镜头推到最近，中心对准某个参照点，焦距调实。

②在摄像机参数界面，把平摇的齿数比先设成1，启动参数采集。

③把摄像机旋转 360 度，以先前选好的参照点为准，记下此时平摇的参数值 k。

④360/k 即为平摇的齿数比，设置到平摇参数里。

⑤检验：跟踪采集归零或停止参数采集，再启动参数采集。以某个参照点为基点，把摄像机旋转 360 度，此时平摇的参数值应显示为 360 度。

4. 摄像机变焦参数测定

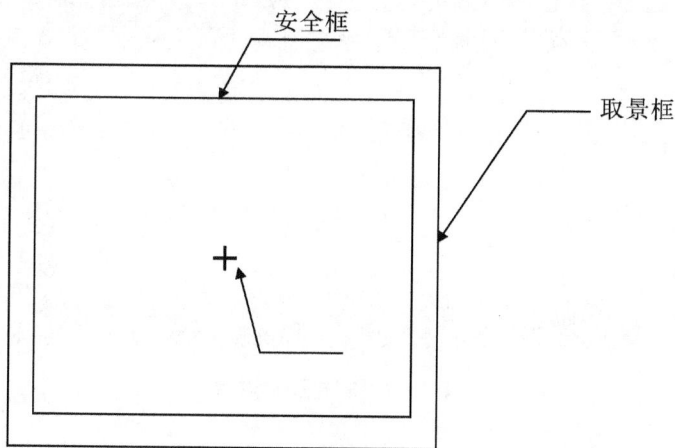

图 3-5 寻像器示意图

（1）在演播室中离镜头 4 米远的位置寻找一个参考点，对准寻像器中心，焦距调实。

（2）启动跟踪，镜头必须拉到最大广角。

（3）点击"测定焦距系数"，出现如下界面：

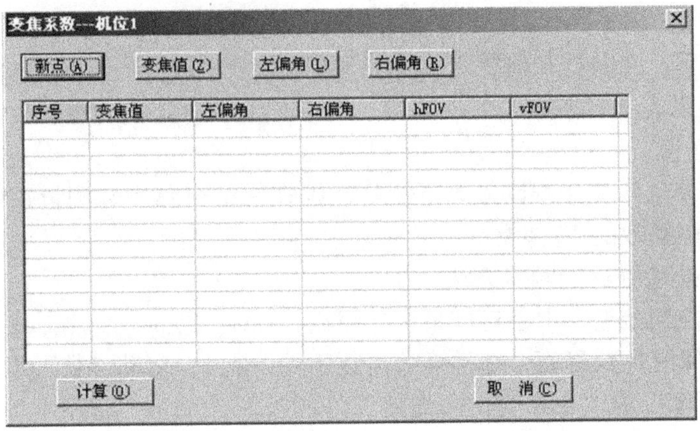

图 3-6 测定焦距系数界面图

（4）测定标定点：

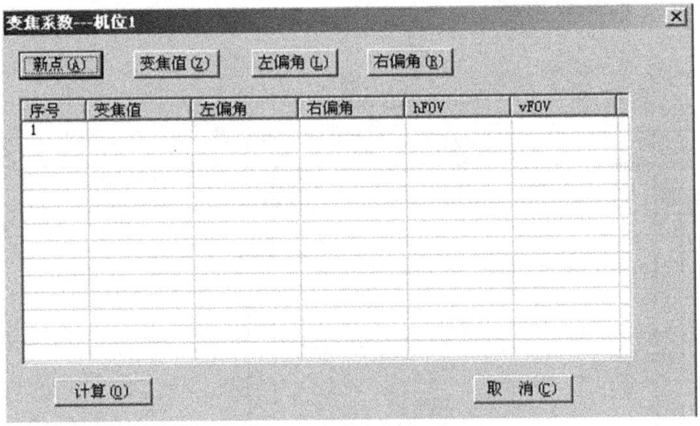

图 3-7 测定标定点图

点击"新点"，然后点"变焦值"，摄像机往左边平摇，使参考点刚好在寻像器边缘，注意不是安全框的边缘；点"左偏角"，摄像机往右边平摇，使参考点刚好在寻像器边缘，注意不是安全框的边缘；点"右偏角"，如果在监视器里面看，必须把监视器设置为"UnderScan"模式，以参考点刚好到屏幕边缘为界。

测第一组参数需要注意的地方是变焦值必须为0，如果不为0，必须重测。

测第二组参数时，镜头往上推到第二个焦距刻度，点击"新点"，然后跟测第一组参数一样的步骤测定变焦值、左偏角、右偏角。测定5组参数后，点击

"计算"，变焦系数标定结束。

测最后一组参数时，镜头必须推到最近。注意：测定标定点时，必须保证平摇参数设置是正确的，比如齿数比。

（5）测定完后必须保存，每个机位都必须单独测量。

5. 移动机位跟踪

（1）在 Camera Config 中添加机位时，选移动机位（摇臂）。然后设定对应摇臂的平摇和俯仰计数器。

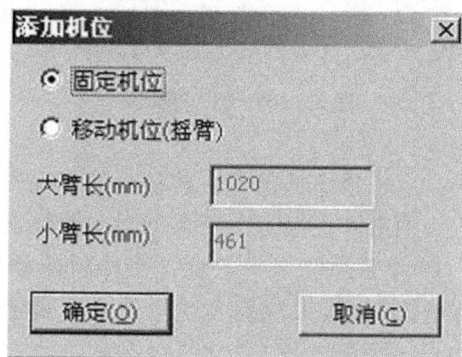

图 3 - 8　平摇和俯仰计数器

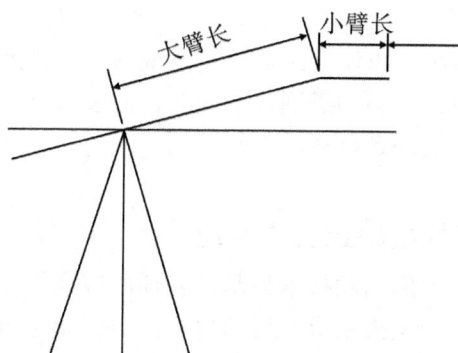

图 3 - 9　摇臂

（2）虚拟软件设置。在主菜单，设置跟踪界面，设置移动机位补偿系数。

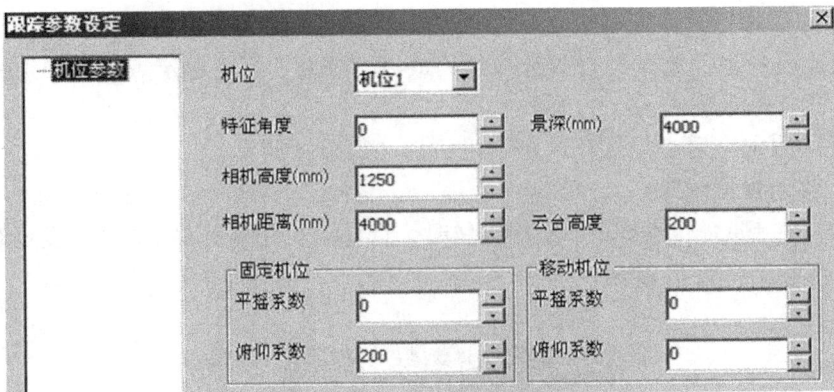

图 3 - 10　跟踪界面图

移动机位平摇系数：用来修正摇臂左右移动时的跟踪误差。

移动机位俯仰系数：用来修正摇臂上下移动时的跟踪误差。

（3）启动跟踪时，摇臂必须要水平放置，摄像机跟摇臂在一条直线上（即摄像机相对摇臂不要有平摇），镜头拉到大广角位置，摄像机镜头必须处于水平状态。

3.2　辅助摄像机跟踪系统

辅助摄像机跟踪系统可以说是图形识别系统的一种扩展。当演播室摄像机拍摄表演者时，辅助摄像机就会拍摄到格子图案，通过对格子图案的视频图像信号分析，得到演播室摄像机的各种运动参数。

3.2.1　辅助摄像机跟踪工作原理

辅助摄像机技术以图像识别技术为基础。辅助摄像机是一种专用的小型摄像机，它可安装在任何一个演播室摄像机的顶部。格子图案可以是任意颜色的，可安装于演播室的后部、侧墙或天花板上。

3.2.2　辅助摄像机跟踪特性分析

使用辅助摄像机技术后，演播室摄像机的拍摄就不受任何限制，可实现极端推进、宽角度拍摄、室外操作及非蓝演播室应用等。

3.2.3　辅助摄像机跟踪系统调试

辅助摄像机跟踪系统，不在蓝背景上做文章，而是在演播室天花板上设计网格图案。网格图案简化为黑白两色，采用黑白 CCD 摄像机，降低了图像处理的复杂程度。本方案针对 x,y 位置参数和方向转角 α 的测量问题进行设计。如图 3－11 所示，在演播室天花板上绘制黑白图案，面积比主摄像机的活动范围稍大。在主摄像机上安装一个黑白 CCD 辅助摄像机，用于 x,y 方向定位时，辅助摄像机与云台固连。主摄像机俯仰转动时，辅助摄像机不受影响，但左右转动时，辅助摄像机将同步转动。主摄像机移动时，辅助摄像机拍摄的图案变化，通过图像分析处理可获得主摄像机在 x,y 方向的定位参数。辅助摄像机的图像中含有主摄像机的方向信号，进一步的数据处理可以获得方向角 α 的值。该方法弥补了以蓝背景网格图案为基础的图像分析识别方式的缺陷，可以迅速进行重新定位和校正，增加机位的成本较低，摄像机运动不受限制，发展潜力大，具有成本优势、技术优势和发展优势。

图 3－11　x,y 参数跟踪定位方案

天花板的图案设计规格如图 3－12 所示，天花板由边长为 90mm 的白色正方形组成，正方形之间间隔 10mm 的黑色填充区。这样设计网格比较方便，容易处理，但当摄像机运动速度很快时有可能会出现识别错误。只要每两帧图像间旋转角度小于 40 度，图像平移小于 40mm，就不会出现识别错误。摄像机拍摄速度为 25 帧/秒，要产生识别错误，其平移速度需大于 1 米/秒，转动速度需大于 1 000 度/秒。实际摄像机的运动速度远小于此，所以不会出现识别错误。

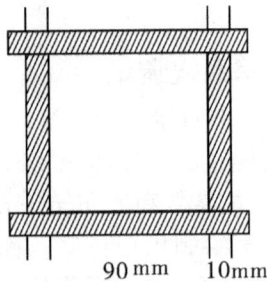

90 mm   10 mm

图 3 - 12　天花板设计

3.3　红外线传感摄像机跟踪系统

红外线传感摄像机跟踪系统与机械传感技术相似，都是通过在演播室设置参考点，确立坐标系，进而确定摄像机的位置。但是，红外技术不能测量摄像机镜头参数，因此，红外技术无法单独应用，通常需要配合网格或传感技术使用。

3.3.1　红外线传感摄像机跟踪工作原理

红外线跟踪技术是一种新颖的摄像机跟踪技术，它利用红外线收发装置来检测人和摄像机在演播室中的位置，红外线的发射装置可安装于人身上和摄像机上，而接收装置（通常需要两个）可安装于蓝色幕布的上方。采用这种技术可实现 360 度的拍摄扇区，使摄像机在蓝色演播室的真实场景中的运动不受任何限制。红外线装置可安装在任何种类的摄像机上，包括手持式和固定式，而且它与图形识别系统及机械传感器系统相兼容。红外线跟踪技术配合"像素级"深度键之后，表演者可处于虚拟场景中任何一个合适的位置，而且可以走到虚拟物体之前或之后，甚至可以进入虚拟物体的内部。

红外跟踪系统可分为被动和主动两种工作方式：

（1）被动方式。该系统需要在蓝幕上方安装一套可以发射和接收红外线的红外摄像机对准演播室，摄像机顶部还需安装红外线反射球。通过对反射回摄像机的红外线进行图像处理，以确定摄像机的位置和方位，镜头信息则通过安装在镜头上的机械编码器传回。

（2）主动方式。这种方式的工作原理与被动方式类似，只不过系统以动态红外发射器替代了安装在摄像机顶上的红外反射球。

3.3.2　红外线传感摄像机跟踪特性分析

利用红外线传感摄像机跟踪方式的优缺点：

系统一旦搭建好，即可迅速重新定位和校正，增加机位的成本较低，摄像机可自由运动，不受任何限制。但这种方式覆盖范围小，容易受到红外反射面（如橡胶运动鞋、金属反射面等）的影响，对演播室的高度及可支持的机位数有一定的限制，红外摄像机与接收器之间不能有遮挡，所以对道具放置的要求比较苛刻，对镜头运动的支持精度不及机械方式的镜头编码器，需要在摄像机上安装传感装置，而这可能会对其他设备（如提示器的安装）产生影响。

3.3.3 红外线传感摄像机跟踪系统调试

为保证系统的运行稳定和跟踪准确，需要对系统进行基本的设置、校准和定位。跟踪系统的设置与生产厂家的硬件和软件有关，下面主要以解放军电视宣传中心的全红外跟踪系统的校准与定位为例说明一下。

虚拟演播室进行校准与定位的目的是要确保真实三维空间、虚拟三维空间和真实视点、虚拟视点之间的正确关系。真实视点是演播室三维空间里摄像机的视点，由 8 个参数描述这个视点的运行情况，包括三个摄像机位置参数（x、y、z）、三个摄像机角度参数（tilt、pan、roll）和两个摄像机镜头参数（zoom、focus），这些数据描述了摄像机在演播室是如何拍摄的。虚拟视点是指在虚拟的三维空间中的虚拟摄像机视点，它可以从不同角度拍摄虚拟场景，虚拟视点的运动参数受控于真实视点的运动参数，所有真实场景摄像机的运动参数必须以场频的速度连续不断地采集，再将采集到的数据输入图形工作站，实时控制虚拟视点的运动变化，使虚拟场景的观察角度、位置与演播室真实视点对前景的观察角度、位置完全一致，以保证虚拟场景与真实前景景物的同步运动。定位是将计算机生成的三维背景与摄像机拍摄的前景进行准确匹配的过程，即把虚拟场景与真实空间进行匹配的过程，其中包括了在各自空间运行的摄像机视点的匹配。下面从红外摄像头空间相对位置的定位、摄像机镜头参数的校准、摄像机镜头与红外发射器相对位置的测量以及对摄像机数据盒的初始化方面进行一一介绍。

1. 红外摄像头空间相对位置的定位

使用跟踪软件对红外摄像头进行微调定位。打开有红外摄像头拍摄记录功能的软件，在摄像机工作区域内，一人手持用于调试的白炽校准灯（见图 3-13），一边走一边保持校准光镜头与地面水平，以缓慢的步速在演播室拍摄区域内横向来回行走一遍，确保走完整个拍摄区域，然后再纵向来回行走一遍，同时确保走完整个拍摄区域。为了达到最佳效果，在行走时，尽量伸展手臂，摇转用于校准的白炽灯，摇转中尽量扩大范围，充分覆盖摄像机的最低工作高度和最高工作高度。行走完后，使用跟踪软件对记录的红外图像进行分析，每台红外摄像头的记录数据必须有 2 000 点以上才合格（见图 3 – 13）。软件将判别出不符合要求的摄像头，这就需要对该摄像头进行调整。调整的过程即上述过程的重复，直到所有红外摄像头都符合测试要求。

Battery　Tape Messure Tripod

Calibrating Lamp Battery Charger Mounting Adaptor

Spots per camera：

C553142E（index 0）：4303

C553143E（index 1）：4747

C553285E（index 2）：2894

C553284E（index 3）：3627

C553289E（index 4）：3739

C553290E（index 5）：2320

C553291C（index 6）：4514

C553292E（index 7）：3856

定位红外摄像头位置所使用的工具　　　　跟踪软件中记录的部分摄像头的测试数据

图 3 – 13　红外摄像头空间相对位置的定位示意图

在确定了红外摄像头的安装位置和角度后，要做的是确定摄像头在真实与虚拟空间中的相对位置。具体操作主要分三步：首先，将调整摄像头位置角度时使用的白炽灯固定在一个平板车上，在整个拍摄区域内来回拖动；然后，在设定的虚拟空间原点的纵向延长线上设置被测定位置的几个点，依次点亮白炽灯；最后，将白炽灯点亮处的纵向坐标位置（以设定的坐标原点为基准）等相关数据输入跟踪软件进行运算。

2. 摄像机镜头参数的校准

由于镜头的光学参数与理想参数之间存在偏差，而且摄像机镜头在变焦和聚焦时做非线性运动，所以调试系统前需要对镜头进行校准，以保证虚拟摄像机的镜头视点也会按照真实镜头的光学特性变化而变化。这是一个比较复杂的过程，根据摄像机成像的径向约束条件，对全面最小二乘法（TLS）估算出的一条理论参数曲线与计算机采集到的摄像机参数进行优化后，将非线性迭代法生成的一条校准参数曲线相综合，最终作为摄像机的运动曲线。摄像机 pan、tilt、roll 的校准过程与镜头校准过程原理相同。

3. 摄像机镜头与红外发射器相对位置的测量

摄像机镜头的相对位置根据安装红外发射器类型的不同，选择的中心点位置也不同。安装环形发射器的摄像机，需要用水平仪及卡尺测量镜头光轴与俯仰底座中心轴之间的垂直距离、中心轴与成像平面之间的垂直距离，并把测量出的数值输入校准软件，设置 x、y 和 z 轴的偏移。测量这些数值的目的就是让计算机感知摄像机及其镜头的位置及相对关系。对于安装星形发射器的摄像机，发射器中心体的中心选为中心点，以此进行镜头位置的测量。

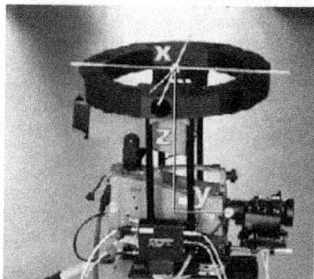

装有环形发射器摄像机镜头中心点位置   星形发射器的中心点位置

图 3 - 14   摄像机镜头与红外发射器相对位置测量示意图

4. 对摄像机数据盒的初始化操作

摄像机数据盒（X - Halo Box）上设有两个复位按钮，用来重置硬件。为了使系统获知摄像机相对于演播室空间的准确方位，每次使用虚拟演播室时都要在系统运行前对摄像机数据盒进行初始化操作。过程大致如下：将摄像机放置在红外接收网络良好的位置，镜头对向演播室蓝箱正面墙上，将镜头焦距拉至最远，聚焦无穷远，此时同时按下摄像机数据盒上的两个复位按钮，保持 3 秒以上，即可完成对摄像机数据盒的初始化操作。

3.4   网格识别摄像机跟踪系统

网格识别摄像机跟踪系统需要把一个精确的网格图案以颜色较浅、不同于背景的蓝色绘制在蓝背景上，摄像机识别这种图案并与计算机跟踪软件预先确定的网格模型进行对比，通过一定的算法确定物体与虚拟背景的透视关系及距离，使虚拟场景中的虚拟摄像机与真实摄像机的动作变化一致。

3.4.1   网格识别摄像机跟踪工作原理

网格识别摄像机跟踪通过识别摄像机拍摄的网格图像的形态来完成摄像机的定

位和跟踪。将与色键颜色相同、明暗存在差异的线条分隔出大小不同的网格贴在墙上，设置网格中的某个点为坐标原点，就可以得知网格中其他点的位置参数。

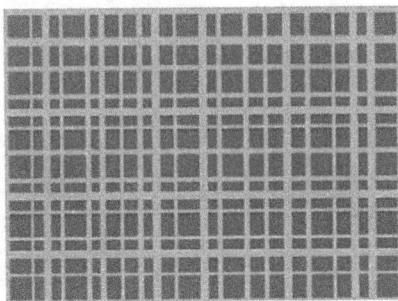

图 3 – 15　抠像背景网格

　　摄像机从初始位置保持一定焦距并且完成聚焦拍摄网格画面，将产生一定的透视关系，依据摄像机镜头特性参数，测算出摄像机位置参数，完成定位操作。在节目制作过程中，摄像机的推拉摇移将使网格产生不同的透视关系，系统通过连续计算可以获得连续的运动参数，完成跟踪操作。

3.4.2　网格识别摄像机跟踪特性分析

采用图像分析法有很多优点，主要有：

（1）只需对摄像机进行改造，无须镜头校准。

（2）可直接使用演播室原有的摄像机，甚至是便携式摄像机。

（3）同一个跟踪器可同时用于一个以上的摄像机，增加机位的成本较低。

（4）摄像机可以不用轨道进行运动，摄像师可随意移动。

但这种方式也存在很多不足之处，主要有：

（1）由于这种方式要对图像进行分析、计算，运算量比较大，所以数据处理时间较长，必须对前景图像加配视音频延时器。

（2）用这种方式获得的摄像机运动参数的精度比机械传感器的精度低。

（3）网格图案要有别于蓝屏，同时合成后又应该是不可见的，所以一般用浅蓝色的网格，合成时要靠色键器把蓝屏和浅蓝色的网格一起抠掉，并且网格图案的阴影很难处理，会降低色键的细节表现力。

（4）当摄像机散焦或者摄取画面中的图像信息量过少时，系统无法正常工作。

（5）摄像机必须探测一定数量的网格以便跟踪，因此人（前景）的活动范围受到一定的限制，前景不能挡住网格参考点，如果特写拍摄推得太近，系统有可能失去跟踪方向，在接近拍摄角度极限或聚焦极限时，无法获得提示或信号指示。

3.4.3　网格识别摄像机跟踪系统调试

网格识别摄像机跟踪系统调试以傲威公司 Pro – set 网格加传感跟踪定位系统为例。傲威公司 Pro – set 网格加传感跟踪定位系统，由控制 PC、跟踪定位软件 TrackingSet、渲染引擎 HDVG、网格识别设备 DVP、传感器 ASB9 组成，通过以太网进行数据交换。跟踪定位的实现过程包括系统配置、系统开机、定位、跟踪。

1.　系统配置

首先，将本系统跟踪定位方式、摄像机数量、摄像机 ID、摄像机镜头参数、网格大小、跟踪设备 IP 等信息写入配置文件。图 3 – 16 所示为 2 号机配置文件，从中我们可以看到：系统采用网格加传感定位、两个通道摄像机、摄像机的 ID 信息、镜头文件、CCD 宽高比、网格尺寸、网格号码、传感器的 IP 地址。

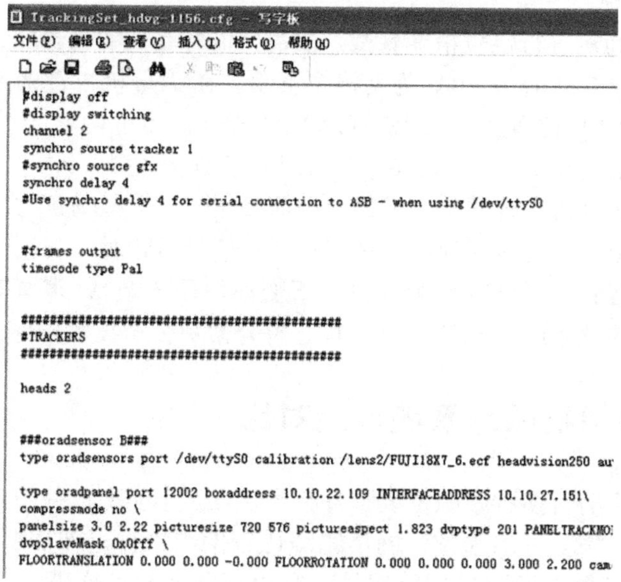

图 3 – 16　系统配置文件

2. 系统开机

首先运行 HDVG 自检程序，测试渲染服务器的板卡状态、同步状态，BNC 接口信号状态。然后开启 HDVG 渲染引擎。接下来启动 DVP，最后开启跟踪，读入系统配置文件，检测系统设备，窗口的最后一行能看到有个杠转动，后面的数据为 50，代表系统场频，此时系统是正常的，摄像机可以正常定位。若数据为零，则要确认传感盒 ASB 是否加电；若数据在 40 左右，也是不正常的，可能由于摄像机信号没有同步导致，打开摄像机即可。

3. 定位

全部启动完成后，运行定位软件。界面的上方显示的是描述每个通道的跟踪设备的基本信息。选择相应的摄像机 ID，记录在系统配置文件中的相关信息将在表格相应区域显示。选择网格定位模式。将摄像机斜对网格，保持网格画面占到整个画面的三分之一以上。点击"运算"，完成摄像机定位操作，定位数据传输到渲染引擎。

4. 跟踪

当定位操作完成后，将跟踪模式切换到传感跟踪模式。由安装在镜头和云台上的传感器将镜头运动参数和机身运动参数传输到传感盒 ASB9，然后传入渲染引擎。系统跟踪过程不需要人工操作，数据处理需要 2 帧时间。

5. 效果测试

以 2 号机为例进行定位精度测试。演播区没有其他实物参照，因此，我们设定虚拟坐标系原点（0，0，0）为网格左下角。在 2 号机位置确定后，用皮尺测量摄像机镜头中心位置为（2.38，6.52，1.15），经过网格定位计算，Tracker data 区域中显示结果为（2.35，6.57，1.18），误差在 1% 左右，符合傲威公司技术指标。在 2 号机进行推拉、平摇、俯仰操作时，虚拟场景与前景画面自然联动，无漂移现象。延时时间的测试采用对音频信号做延时，观察声画对位情况来解决。经过对音频信号延时 5 帧（系统下变换占用 3 帧），声画对位，由此，我们判断网格加传感跟踪方式延时为 2 帧，符合傲威公司技术指标。

3.5 摄像机跟踪系统性能对比

虚拟演播室有许多种跟踪系统，各有优缺点。事实上，并不存在适合任何场合的完美解决方案。一般来说，网格跟踪比较便于维护，如需要拍摄特写镜头，在拍摄特写的机位上安装机械传感器，可以摆脱网格的限制，做快速的镜头运动，但是机位不能自由移动。如果在录制过程中机位需要移动，或主持人需要在虚拟场景中自由移动，可使用红外传感。红外定位不仅能确定机位的空间位置，还可以确定主持人的实时空间位置，所以深度键是自动生成的，这给节目制作带来了很大的方便，而且空间感更强，但会造成系统成本的增加。因此，可以根据录制节目的具体需求选择不同的跟踪方式。

表3-1 摄像机跟踪系统性能对比表

项目	机械传感	网格识别	红外传感	辅助摄像机传感
演播室类型	演播室尺寸及结构没有限制	演播室尺寸及结构有限制（蓝箱深度一般不超过3米）	演播室尺寸及结构有限制（考虑到红外线的发射装置与接收装置间通讯）	演播室尺寸及结构没有限制（附加安装格子图案板）
蓝箱类型	单色蓝背景或画有特殊网格的蓝色背景	画有特殊网格的蓝色背景	单色蓝背景或画有特殊网格的蓝色背景	单色蓝背景或画有特殊网格的蓝色背景
摄像机	摄像机的类型必须是ENG/EFP式，镜头要安装传感器	摄像机的类型无要求	摄像机的类型无要求，摄像机需安装附加装置	摄像机的类型无要求，摄像机上需安装附加装置
摄像机运动	摄像机运动范围和轨迹受跟踪器工作范围约束	摄像机可自由拍摄（限制在特殊网格区域内）	摄像机可自由拍摄（安装在摄像机上的附加装置限制在格子图案板区域内）	摄像机可自由拍摄（安装在摄像机上的附加装置限制在格子图案板区域内）
轨道	可安装一些不同的轨道、脚轮、升降臂，支持摄像机的平移及升降	无须轨道	无须轨道	无须轨道
设备干扰情况	无	物体必须避免遮挡网格，对灯光照明有一定的要求	易受到红外反射面和强光的影响	物体必须避免遮挡图案板

（续上表）

项目	机械传感	网格识别	红外传感	辅助摄像机传感
演播室校正	校正时间较长，摄像机位置更换要重新校正	校正时间较快，摄像机位置更换不用重新定位、校正	校正时间较快，摄像机位置更换不用重新定位、校正	校正时间较快，摄像机位置更换不用重新定位、校正
延迟	没有延迟	延迟较大	有一定的延迟	延迟较大
成本及维护	较高/难	一般/最容易	高/一般	高/容易
跟踪精确性	高	较差	一般	一般
适合节目类型	人物传记、电影、新闻、专题、访谈、财经、娱乐报道、天气	新闻、专题、访谈、财经、娱乐报道、天气	新闻、专题、访谈、财经、娱乐报道、天气、人物传记、电影	新闻、专题、访谈、财经、娱乐报道、天气、人物传记、电影、儿童节目

3.6　深度跟踪

由于机电跟踪系统、图像分析识别系统、红外跟踪系统及辅助摄像机技术都有各自的优缺点，因此出现了各种深度跟踪系统。

3.6.1　网格加传感技术

网格识别和传感技术结合，能有效地弥补两种跟踪技术的缺陷。网格借助传感器的帮助，可以允许摄像机在取景时不必考虑网格占画面的大小，就可以完成特写镜头的拍摄，甚至在失焦时也不会丢失跟踪。传感借助网格可以解决5点定位时的烦琐操作，大大节约了系统校准时间，提升了演播室使用效率。由于网格定位方式较传感器定位简便，因此，网格加传感系统在摄像机定位时选用网格方式。在完成摄像机定位后，在节目制作阶段的跟踪工作就由传感器来完成。

3.6.2　摇臂跟踪技术

网格加传感技术操作简单，定位迅速，适合演播室固定机位使用。红外加传感技术虽然支持摇臂机位的拍摄，但是安装红外装置将使系统变得异常复杂，造价较高，定位操作烦琐。演播室摇臂机位采用独特的光电传感与机械传感结合的方式完成跟踪定位，其中安装在臂身、云台、镜头、基座脚轮的传感器为机械传感器，安装在基座的传感器为光电传感器。机械传感器用于跟踪，光电传感器用于定位。

3.6.3 全红外跟踪方式

全红外跟踪方式通过在演播室摄像机计划运动的范围内设置若干个红外摄像头，以确保摄像机活动的任何区域都被摄像头覆盖。摄像机的上部装有红外发射器，红外发射器主要分环形发射器和星形发射器两种。环形发射器主要用于固定机位，星形发射器用于移动机位（如摇臂或者肩扛）时使用，发射器所发射的红外信号被红外摄像头接收，传送到相应的 Image Unit 进行计算，由此得到摄像机的俯仰、平摇、滚动及空间位置信息。红外摄像头拍摄的红外发射器的信号，可以在控制 PC 上实时显示，以便及时发现与排除影响红外跟踪的干扰信号。镜头的跟踪数据通过在摄像机镜头上的数据获取装置 X – Halo Box 传送。所有数据传送到系统主机。Main Unit 是整个跟踪系统的中心，通过网络将最后的摄像机参数数据传送到渲染单元及控制单元，渲染单元按照相应的数据进行图形渲染。

采用全红外跟踪方式的摄像机可以在已覆盖红外摄像头的区域进行自由移动拍摄，可以使用摇臂轨道拍摄，也可以肩扛拍摄，让摄像人员感觉自己正在进行的拍摄和实景方式完全相同。此外，全红外跟踪方式定位方便，系统开机便自动定位，操作使用简单。

3.7 实训与创作

通过本操作，掌握虚拟演播室景深识别模块的调试。

3.7.1 景深识别功能说明

景深识别是识别出主持人在虚拟演播室蓝箱中的位置变化，给虚拟演播室提供场景渲染程序，并让该程序来处理主持人在虚拟场景中的空间遮挡关系。

3.7.2　模块启动

在菜单"查看"中点击"景深识别"。

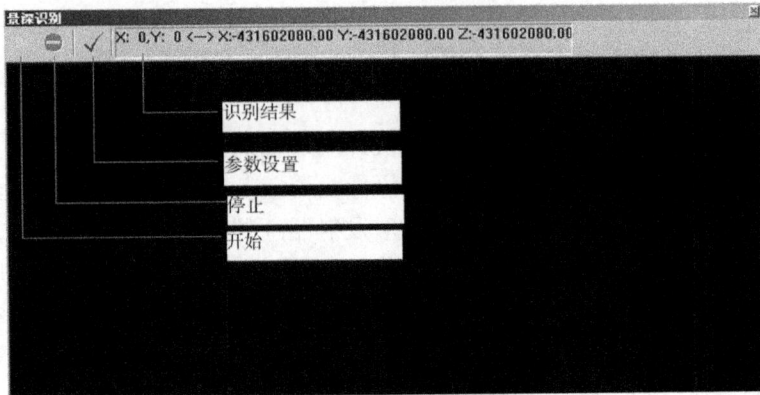

图 3 – 17　景深识别模块运行界面

　　根据红外摄像感应器的安装位置、角度，在蓝箱内的地面上设置一个标记点作为坐标原点，以左右前后为 x、y 坐标轴，垂直向上为 z 轴，采用图像处理的方法得到主持人当前空间坐标，实现对蓝箱内主持人的定位，并通过网络将定位数据传送给场景渲染引擎。

3.7.3　使用步骤

　　第一步：安装并调整好摄像机，使主持人脚部活动范围全部落入摄像机视野范围内，固定好摄像机，记下摄像机水平最大张角。

　　第二步：确定中心点（标记点），也就是在主持人的活动地面放置一个标记物，要求该物与背景色彩亮度相差较大。移动该标记物使之正好落入图像的正中央（360，28，8），记下标记物在地面的位置（作一个记号）。

　　第三步：确定摄像机坐标。以标记点为坐标原点，以摄像机前向为 y 轴正方向，以摄像机右边为 x 轴正方向，向上为 z 轴正方向，mm 为单位，测量出景深，识别摄像机的坐标（x，y，z），填入参数设置对话框。

　　第四步：打好演播室灯光后，启动景深识别。然后主持人进入演播室，选择二值图像模式，调整抠像阀值，使主持人的脚不被抠掉。

　　第五步：参数设置好后，更新并保存参数。

3.7.4 参数设置

参数设置如图所示：

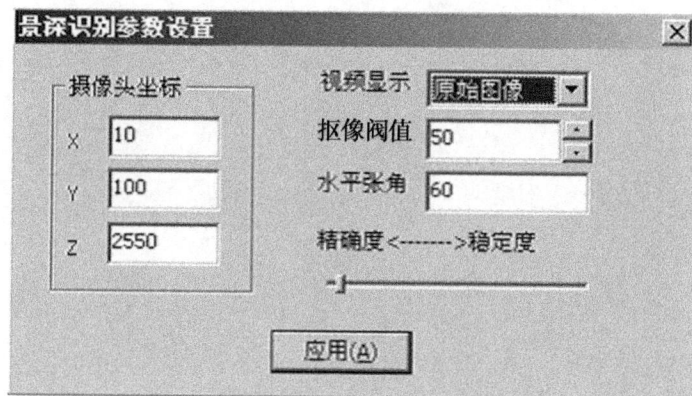

图 3 - 18 景深识别参数设置图

【思考题】

1. 传感器跟踪系统如何调试？
2. 简述虚拟演播室的几种主要跟踪方式及各自的优缺点。
3. 虚拟演播室景深识别模块如何调试？

4

色键技术与应用

　　本章主要阐述了虚拟演播室系统中色键技术的工作原理和实践应用，介绍了色键技术的系统构成和类型，以及如何在虚拟演播室节目制作中正确选择色键器。

【本章学习要点】

通过本章的学习，掌握虚拟演播室系统中色键技术的工作原理和技术功能，了解虚拟演播室系统中色键器的基本类型及其在虚拟演播室节目制作中的具体应用。

【本章内容结构】

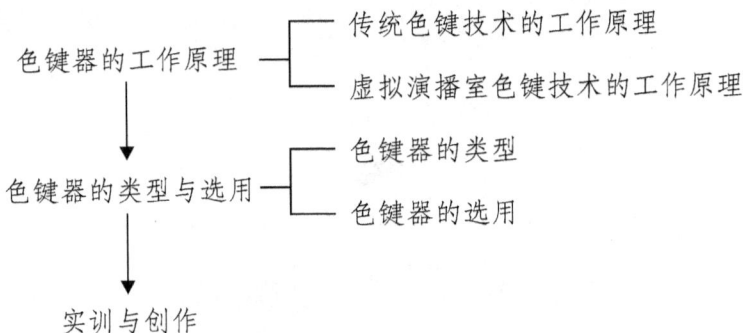

色键器的工作原理 ── 传统色键技术的工作原理
　　　　　　　　 └─ 虚拟演播室色键技术的工作原理

↓

色键器的类型与选用 ── 色键器的类型
　　　　　　　　　 └─ 色键器的选用

↓

实训与创作

4.1　色键器的工作原理

随着高速图形计算机技术和视频色键技术的飞速发展，虚拟演播室技术也日渐成熟。虚拟演播室的核心功能突破了传统拍摄对布景、道具、灯光、场地和表演等的限制，可以根据制作者的需求将现场视频与计算机生成的三维图形实时地拼接在一起，构成一个现实中并不存在的视频场景，而这一功能就是在色键系统的基础上发展起来的。可以说，色键器是虚拟演播室系统中不可缺少的一部分，色键技术是虚拟演播室的基础所在。

色键技术历史悠久，在电影刚出现的时候，很多电影制作人就已经开始尝试利用色键技术创造一些特殊的效果。在黑白电视时代，现代色键技术的雏形——亮键技术已经出现并投入使用了。亮键技术是利用图像中亮度差异的明显区别，将图像中亮度一致的部分抠除，然后替换成所需要的背景图像，最终将两幅不同源的图像进行合成。色键技术是对亮键技术的继承和发展，它与亮键技术都是基于同一思想，即利用画面中的某一元素的共同点，将一幅画面中的特定颜色从一幅图像中抠除，再将另外一幅图像的元素与其融合，创造出奇特的视觉效果。色键技术的实现原理远远复杂于亮键技术。它以图像中每个像素的色彩组成元素为标准，根据视频或图像的实际情况，对需要抠除部分的色相、明度和纯度进行数值和相位的计算，从而实现背景与图像的分离。

从理论上讲，在创作过程中，色键器可以把任何一种单一的颜色作为背景，但是现在的影视业界，基本上都采用蓝色或绿色作为背景。这主要基于以下两个原因：第一，蓝色是人类皮肤的补色（也称为反色），而其他颜色，色调多与人类的皮肤接近，因此在色键器的应用中多使用蓝色。也有观点认为，蓝色层的敏锐度和颗粒结构非常精致，影视摄像器械和存储材质都对蓝光非常敏感，但这种观点仍存在着一些争议。第二，在拍摄素材时，背景色会反射到前景物体上，这种现象被称为颜色溢出。在使用蓝色背景时，只会在拍摄主体的边缘出现轻微的蓝色浸染。从颜色溢出的程度而言，蓝色要远远低于其他色彩，因此采用蓝色作为拍摄背景，与其低溢色度有很大的关系。蓝色背景和绿色背景孰优孰劣，国内外一直都存在着极大的争议，甚至有一些有趣的说法：外国人的眼珠多为蓝色，以蓝色为背景容易把眼珠抠除掉。

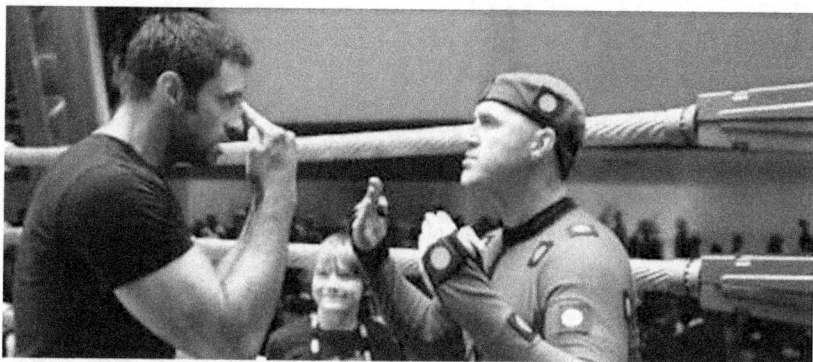

图 4-1　欧美电影制作中人物抠像使用的色键器背景（绿色）

从目前的案例来看，在欧美地区会更多地采用绿色背景，而在亚洲地区会更多地采用蓝色背景，原因有以下两点：第一，欧美国家多采用的视频格式为 NT-SC 制式，这种格式所拍摄的图像中绿色通道具有最好的采用率，而蓝色通道则噪波最大，所以在欧美4:1:1的视频格式中，采用绿色背景会得到更好的画面解析度和细节。第二，色键器会较多地应用到遮罩抠像技术。在绘制遮罩时，绿色会与遮罩产生明显的反射比，从而更容易与画面分离，与之相反，蓝色则更容易与遮罩部分相融合。因此，用绿色作为背景更容易把前景物体从背景中分离出来。

图 4 – 2　欧美电影制作中特效所使用的色键器背景（绿色）

4.1.1　传统色键技术的工作原理

传统的色键技术（chroma key）是电视节目制作中常用的手段，在基本的视频制作软件中都能够看到传统色键技术板块。传统色键技术的工作原理是根据前景图像和背景图像之间的色度差，来抠除图像背景。具体操作步骤是：将表演者置于蓝色的背景之前，然后利用色键器形成的键控电压抠除蓝色背景，然后再经色键混合，用新的画面填充蓝色部分，重新输出为一幅新的合成图像。传统色键技术的关键在于蓝色背景与表演者之间要形成高饱和度的色彩差，这样色键器在工作时，背景才能顺利与表演者分离。由于传统的色键技术是在二维空间内完成，所以传统的色键器往往容易出现以下两个缺点：第一，表演者与替换背景之间缺乏正确的透视关系，导致画面的立体感和层次感极差。在拍摄视频素材时，摄像机是处于运动状态的，随着摄像机的运动，表演者会与镜头形成丰富的透视关系。但是，在传统的色键技术中，替换的背景画面与表演者是两个独立的部分，它们的运动是互不关联的，替换的背景画面无法随着表演者的运动而变化，只能在后期制作阶段通过制作者的感官来进行调节，所以经常造成比例失调，产生表演者悬浮于画面上的感觉，给观众带来一种虚假的视觉体验。第二，替代背景大多受到现实场景消耗成本的制约，无法给观众带来较好的视觉刺激。传统的色键技术中，制作者多会采用静态图片、外景实拍或者搭建现实景观。由于物理空间和拍摄成本的限制，制作人员的艺术想象力和创造力无法得到尽情的发挥，影响了影视作品的创作效果。

| 蓝背景前的花瓶 | 合成背景图片 | 传统色键器合成图 |

图 4 - 3　传统色键器的抠像效果

4.1.2　虚拟演播室色键技术的工作原理

虚拟演播室的色键技术，继承了传统色键技术的优势，也突破了传统色键技术的限制。虚拟演播室多采用内置色键器来完成抠像工作，其工作原理是依据表演者与蓝色背景之间的色度差，来抠除图像背景。虚拟演播室的内置色键器，会对画面内的色度做出识别，并将蓝色背景与表演者的颜色矢量进行比对，从而实现消色和补色的自动处理，使表演者的边缘画面能够和替换场景实现有效的结合，保证得到最佳的视觉效果。

一套典型的虚拟演播室系统一般由三个部分组成：摄像机跟踪系统、虚拟场景生成系统和色键合成系统。这一套完善的系统，将现代计算机图形技术和色键技术的传统功能结合起来，突破了时间和空间的限制，使虚拟演播室的色键技术为电视创作提供了更广阔的空间。

虚拟演播室色键技术的优势主要体现在以下四个方面：

第一，色键技术与摄像机运动跟踪系统的结合，确保了表演者和虚拟背景之间正确的透视关系，使画面具有丰富的纵深感和层次感。摄像机运动跟踪系统能够实时测量并记录真实摄像机运动时在虚拟演播室内的具体位置、运动速度以及和表演者之间的空间关系，并且可以随时将数据传递给虚拟背景图像的生成系统，通过计算机控制虚拟背景的运动，使虚拟背景与表演者的运动相关联。这样，无论真实摄像机如何运动，表演者和虚拟背景都能形成正确的透视关系，使表演者和虚拟背景有机融合，达到真实的合成效果。

第二，色键技术与虚拟场景生成系统的结合，使虚拟背景的创作突破了物理空间的限制，不仅为制作单位节省了大量的制作成本，也大大缩短了影视节目的创作周期。虚拟场景生成系统，使表演者和虚拟背景之间的融合不再局限于二维空间之中，它随时可以根据制作者的需求生成合适的三维虚拟场景，表演者不仅可以置身于虚拟背景之前，还可以在虚拟场景之中自由运动，给观众呈现一个完全真实的三维立体空间。虚拟场景生成系统还具有一个明显的优势，就是三维虚拟场景的生成并不是一次性的，它可以存储在场景资源库内，并根据节目的变化做出相应的修改，再次使用。虚拟演播室的色键技术，给影视制作者提供了无限的创作空间，给观众带来了真实的视觉感受。

第三，虚拟演播室的色键技术与先进的计算机软件相结合，保证了最佳的色键效果。传统的色键选择器一般通过对单一的色调或单一的饱和度进行识别，将需要除去的区域选择出来，然后利用电平信号作为开关，完成抠像。而虚拟演播室的内置色键则是在完成抠像之后，将表演者的画面和虚拟背景在混合器中根据掩模信号进行融合，这样生成的画面就消除了漂浮感，带给观众具有层次感的视觉效果。

第四，虚拟演播室色键技术的实时性，为演员的表演提供了更大的舞台和空间。在虚拟演播室中，表演者的现场动作与虚拟背景以相同的时码被记录，并通过色键技术融合在一起，形成一个组合画面。合成后的影像能够直接地展现在监视屏幕上，让表演者和摄像师能够在第一时间看到画面效果，不仅能够帮助拍摄者调整角度，还能够帮助演员调整表演动作。虚拟演播室色键技术的实时性，还可以为观众带来更好的舞台效果。

图 4-4　虚拟演播室色键器的抠像效果

4.2 色键器的类型与选用

色键技术是影视节目制作不可或缺的特技手段，随着数字技术的飞速发展，图形信号和数字信号不断融合，色键技术在影视节目的制作中也日益重要。色键技术在实践中不断发展和成熟，虚拟演播室的键控功能也得到不断的完善。当今的色键技术，已经能够满足不同层次的需要，受到了众多影视制作人员的青睐。

4.2.1 色键器的类型

色键器根据不同的标准，有多种分类方法。

根据色键器电路构成的性质，色键器可以分为模拟色键器和数字色键器。模拟色键器采用传统的线性模拟键控电路来完成图像的切割和分离。按照键源的性质不同，模拟色键电路的信号来源分为内键和外键两个部分。一般来说，内键也被称为自键，也就是说内键参与分割画面的信号是来自于色键电路键控特技中的一路键信号，它的键源为前景信号。内键的键源信号通常是黑底上的白色字符或图形，它的电平只有高低两种，白色字符和图形对应高电平，因此采用内键进行操作时，制作者多采用文字或图形与前景物进行叠加。外键则是相对于内键而言，外键的键源信号不是来自于参与键控过程的前景图像，而是来自于第三路键源所提供的图像，比如字符发生器就可以为外键提供键信号。外键的键源信号的组成成分与内键相同，但是其填充信号多为单一色调的彩色信号，因此外键的制作效果更为丰富，可用来插入一些外部提供的彩色字幕或图形。模拟色键器依据电路电平的高低，构成前后景与键信号的混合输出比例，前景和后景的信号输出与电平的高低成正比。当键信号是高电平时，前景的信号则经色键器的混合放大器输出，反之，后景的信号则经色键器的混合放大器输出。模拟色键器在进行抠像时，通过色键生成器识别键信号，将键信号分为前景、背景、转换三个区域，当键信号的值为100%时，前景图像呈现，当键信号的值为0时，则背景图像呈现。而前后景互相转换时，转换区域的宽窄则由增益控制信号决定，高增益时，转换区域窄，低增益时，转换区域宽。模拟色键器处理键信号时，一般会形成前后沿陡峭的方波，因此模拟色键器会在合成输出图形时，前后景的融合处出现锯齿现象，有时甚至会出现画面抖动，给观众带来生硬的视觉感受。

数字色键主要是使用数字电路来对键源信号进行处理。在数字色键技术中，键信号并不直接在画面上产生位移，而是经过数字取样后，进入键信号发生器中再次形成键信号，然后在线性转换区中经过隔行扫描，形成两个像素宽的过渡区，最终完成抠像任务。数字电路的发展，为数字色键提供了广阔的开发空间。根据数字色键各自的功能，数字色键可以分为以下三种类型：

1. 深度键

深度键是日本索尼公司开发的一种数字色键器。深度键的实现一般由两个键信号来完成，一个键信号由前景产生，另一个键信号由背景产生，这两个键信号通过实时的数字电路完成像素的组合和搭配，使前景图像可以按照不同的比例出现在背景画面上。目前我国虚拟演播室系统大都采用深度键技术。虚拟演播室的重要功能，就是实现节目表演者和虚拟背景之间的动态遮挡，形成真实的空间感受。深度键与其他色键器最大的不同就在于，它可以产生并实时计算拍摄场景中纵深方向的运动信息。虚拟演播室中，表演者、道具、虚拟背景之间的关系复杂，深度键可以通过对合成画面上每个像素的纵深值的识别，来控制这三者之间的相对关系，以形成高度逼真的画面。

现在应用的深度键主要有两种类型：一种是基于层次级的深度键，一种是基于像素级的深度键。顾名思义，在层次级的深度键中，虚拟演播室内的物体被划分为有限的类别，根据像素信息被放置在几个深度层中。这种深度键的缺陷在于，一旦表演者在虚拟演播室中的位置被固定，就无法发生连续的变化，极大地限制了节目制作的空间。像素级深度键则是对虚拟演播室内每个物体的像素的纵深信息都进行记录并运算，因此表演者可以在虚拟演播室内自由活动，从而增强虚拟演播室节目的动态感。像素级深度键可以通过两种方法来获得纵深方向上的深度值。一是取虚拟演播室内的物体和摄像机之间的相对距离为近似值，将这个近似值作为色键器的深度值，这种方法的优势在于，虚拟演播室内的物体和虚拟背景在纵深方向上的相对关系可以通过手动控制决定，并且容易实现，其缺陷在于，对动态数据的计算能力较低，虚拟场景内的物体一旦迅速移动，很难捕捉到精确的数据，容易导致画面失真。如果使用这类深度键，会加大虚拟演播室内表演者的难度，使电视创作受到极大的限制。另一种像素级的深度键采用自动跟踪技术获得纵深方向上的深度值，它可以对虚拟演播室内物体的空间位置进行精确定位。其优势在于，无论是动态场景还是静态画面，它都能够自动识别虚拟演播室内的物体和摄像机之间的相对距离，获得高度逼真的影视画面。但是，这种深度键需要有红外发射器和红外接收装置组成的跟踪系统的配合，才能完成深度值的读取，因此价格昂贵，会增加影视节目制作的成本。

2. 柔化键

柔化键在数字色键技术领域具有两层意义：一层意义体现在硬件方面，另一层意义则体现在软件方面。从硬件的层面来讲，色键发生器产生的键信号与虚拟演播室内物体的透明度之间形成梯形比值的色键被称为软色键，它一般作为虚拟演播室系统不可分割的一部分而独立存在。软色键在抠像时，其产生的键信号在运动过程中会形成一定的斜率，从某种程度上来讲，它克服了数字色键只能识别0、1字符的缺陷，使画面的融合效果更为真实。从软件的层面来讲，一些数字色键为了得到更为真实的抠像效果，会采用柔化键处理比较难于合成的前景物体。比如 Primatte 色键器，一般会采用四个步骤来合成画面，包括背景分量、柔化键分量、蓝溢出分量和前景分量。在 Primatte 色键器的处理过程中，柔化键专门针对前景物体的透明度或半透明度进行色彩分量，弥补了传统色键技术所存在的柔化边缘难以被清晰抠除的难题，能够生成清晰的柔化边缘。从某种意义上讲，这一类柔化键更类似于软件类的色键技术，而不是一个独立存在的色键器。

3. 线性键

线性色键器采用了计算机图形学中的分层技术，利用带有图像透明度信息的 Alpha 通道来完成抠像的键技术。在数字技术中，Alpha 通道的数值在 0~1 之间变化。当 Alpha 通道的数值为 1 时，画面为纯白色，代表着整个画面不透明。当 Alpha 通道的数值为 0 时，画面为纯黑色，代表着整个画面透明。线性色键器在合成图时，对画面的亮度与抠像底色的亮度进行比对，当画面亮度与抠像底色非常接近时，这些像素对应的 Alpha 通道值为 0，则这些像素被色键选中，然后用相应的虚拟背景代替这些颜色。反之，如果画面亮度与抠像底色差别较大，则这些像素对应的 Alpha 通道值为 0，像素信息就被保留下来与虚拟背景进行融合。高质量的数字线性色键器，可以分别对画面的亮度信号（Y）、蓝色色差信号（B－Y）、红色色差信号（R－Y）进行处理。在线性色键器中，首先在像素检测阶段对前景信号的模拟色差分量进行记录，然后在分离器中将前景信号解析为 Y、B－Y、R－Y 三路信号进行处理。这三路信号将会被还原为三原色（R/G/B）送入色键生成器中，通过频率取样来完成图像的合成。我国的虚拟演播室系统制作的节目输出格式基本采用 PAL 制式，也有一些采用 NTSC 制式，PAL 或 NTSC 制式的带宽为 6MHz。我国虚拟演播室系统的基准采样频率为 13.5 MHz，当线性键对 Y、B－Y、R－Y 三路信号进行编码处理后，其编码率会被放大十倍，达到 67.5~135MHz，即使在后期经过数据压缩后，仍然能高于数字影视节目所需的图像信息分量，因此可以保留更多的图像细节。从本质上来讲，线性键根据前景图像的透明度信息来决定合成图像的混合比例和程度，能较好地解决抠像问题。不仅能使合成图像画面融合边缘平滑自然，没有明显生硬的轮廓，还较好地解决了蓝溢出问题，因此被现在很多的虚拟演播室系统所采用。

另外，根据色键器发出信号的波形划分，色键器可以分为硬色键器和软色键器。硬色键器通过高低电平来控制色键信号开关，高电平时信号通过，低电平时信号被切断。在抠像过程中，硬色键器通过非线性放大器切割图像，形成前后沿陡峭的矩形脉冲信号，从而会在合成图像边缘出现一些不规则像素，甚至在前景和后景的分界处出现视觉抖动，视觉效果类似于电视特效中的硬边，硬色键器也因此而得名。硬色键器的出现，给电视节目的制作提供了极大的便利，但是在一些特殊的场景中，硬色键也存在一些难以解决的缺点。第一，在虚拟演播室中，当前景物体为女性表演者时，女性的头发与后景画面的融合是一个难题。女性表演者的发丝图像所产生的键信号频率非常高，不仅如此，当女性表演者运动时发丝的抖动会产生一些相应的杂波，会加剧键信号波形的前后抖动，这样抠像时会在表演者边缘形成抖动闪烁的蓝色信号。同时，硬色键器还会对亮度信号再次进行矫正，在矫正的过程中信号再次被放大，蓝色闪烁会特别明显，极大地破坏了画面效果。第二，在虚拟演播室中，当前景道具为半透明材质的物体时，特别是玻璃杯、宝石、钻石等，蓝色背景产生的漫反射会透过物体产生折射，这会对键信号的识别产生极大的阻碍，会导致合成图像上出现不连续的画面图像。同样，不透明物体也会在蓝色背景上形成阴影，也会影响合成画面的真实感。第三，当虚拟演播室节目创作中出现灯光连续变化时，由于硬色键器是通过非线性开关进行合成的，因此灯光的连续变化会使前景反射发生线性的变化，导致键控电平调整出错，画面合成出现误差。使用硬色键器时，必须避免以上现象出现，但是这样也极大地限制了虚拟演播室节目创作的空间。

软色键对硬色键的电路和色键发生器进行了改进。电路方面，软色键不再采用非线性电路方式混合，而是采用线性相加的方式混合电路，通过色键信号的差分来控制电路的增益，形成的键信号波形为梯形图像。软色键的电路构成，使键信号具有了可变化的斜率，当键信号发生一定倾斜时，不仅会得到有效的键控切除，画面也会产生柔和的边缘。在色键发生器方面有两个显著的变化：第一，软色键器采用了色键矩阵来完成色键信号的识别。色键矩阵的使用，减少了色键信号的杂波成分，当杂波投射在改进后的线性混合电路上时，会被直接叠加在混合图像之中，产生良好的画面效果。第二，在色键发生器中加入消色电路。目前在我国虚拟演播室内所采用的软色键，其消色电路的作用是消除 PAL 电视制式中抠像物体边缘键信号的颜色成分，保留其亮度成分。这样既可以对抠像的颜色进行精确的调整，又能保持画面色调的真实性。与硬色键相比，软色键具有以下三点优势：第一，软色键综合了线性抠像和非线性抠像两者的优点，能够根据不同的场景特点选择高质量的合成方式。例如在前景物体为半透明的场景中，软色键就能自动采用线型混合的方式来得到柔和的轮廓边缘，使合成图像获得逼真的视觉效果。第二，色键矩阵发生器的使用，大大减少了色键信号的杂波，同时还可以获得一些所需的半键信号，提高了对色彩选择的精确度。第三，软色键消色电路的使用，特别是具有自动功能的消色电路，能够捕捉拍摄条件的随时变化，提供细致的合成图像，为虚拟演播室作品创作提供了更大的空间。

4.2.2 色键器的选用

1. 选择色键器的标准

随着电视技术的飞速发展，色键技术也越来越成熟，市场上有多种色键器可供选择。不同的色键器具有不同的特征，如何选择色键器一直以来是困扰电视创作者的重要问题。

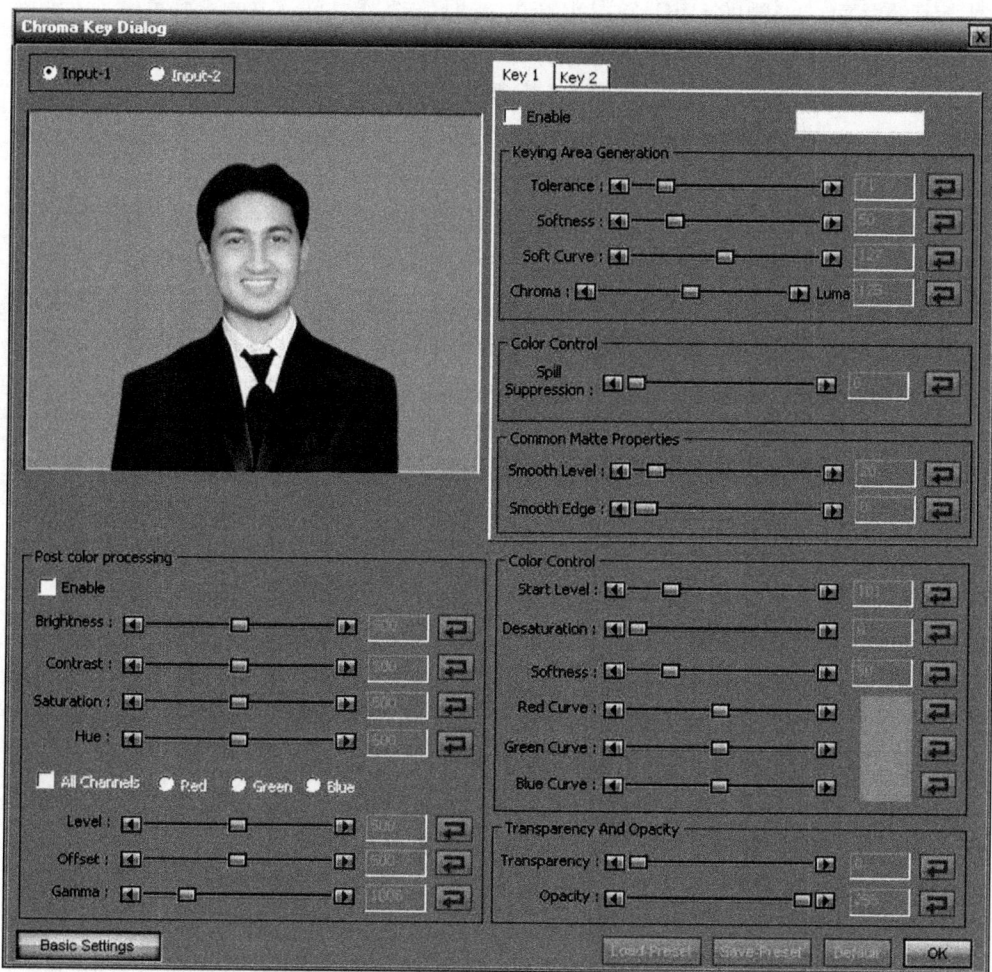

图 4-5 Monarch 虚拟直播系统色键器界面

目前的虚拟演播室系统大多采用数字色键器。在选择数字色键器时，需要注意以下三个问题。

第一，键信号边缘的锯齿现象是数字色键器最容易出现的问题。经过研究，有三种方案可以较好地解决这一问题。第一种方案是使用者根据画面切割电平的不同，在画面的不同位置上设置不同的增益控制来完成对信号的键控，如美国的GVG公司和日本的SONY公司就在虚拟演播室的切换台上采用这一键控技术，实现了键信号的切割和组合。第二种方案是利用键信号发生器处理键源信号，通过提高它的频率，得到高倍数的采样点，这样可以消除键信号位置混叠的现象，得到稳定的画面，美国的GVG公司生产的一种色键器，就采用了这种方案，消除了画面中在垂直方向上的键混叠现象。第三种解决方案是降低硬件的数量，在色键器内部增加键信号的内插点，提高键源信号频率后，再将键信号送入色键发生器中，如日本的SONY公司生产的DVS2000就是采用这种技术对键源信号进行取样。

第二，图像合成时由于前景图像亮度和键信号之间的互相影响，容易使前景和后景之间形成一条深色线，产生强烈的失真效果。在一些高质量的数字色键器中，通常会采用分量数字系统来克服这一缺陷。这项技术可进行亮度分量和色度分量。色度分量由于画面影响效果较小仍采用常规方法处理，而前景画面的亮度信号则经过处理与键信号产生的一些信号相乘，得到了效果自然的抠像画面。目前，已有一些虚拟演播室采用了这一新型的色键技术。

第三，在虚拟演播室的节目创作中，有些场景需要一些真实的阴影效果，数字色键基本上可以很好地完成这一工作。但是普通的数字色键器无法根据环境的变化对阴影进行相应的修改，想得到较好的阴影效果是一项难以完成的任务。现在已有一些公司开发出了一种键控技术专门针对前景物体的阴影。一般来说，这种技术不但保留了前景物体的图像，还收集并记录了背景图像的信息，包括背景图像的亮度、色度。这样，键控信号与该信号互相作用，就能得到丰富的阴影效果。现在，这种技术在虚拟演播室中已得到了极大的发展，不仅能够随时调节阴影图像效果，还能调整阴影和图像之间的相对位置。

能否克服以上这三个在抠像过程经常出现的问题，已成为大多数影视节目创作者选择色键器的标准。

2. 常用的色键器

目前，常用的色键有以下两种：

（1）SmartMatte色键器。SmartMatte色键器是由美国高创公司开发研究的，由于其具有良好的性价比，被我国多家高校虚拟演播室系统所采用。SmartMatte色键器具有以下三个特点：第一，可应用编程技术对色键器进行控制。编程技术在色键器中的应用，不仅可以对合成画面的透明度、键源信号的生成、键信号的噪波和阴影的投射进行良好的控制，还可以对前景画面的亮度、背景画面的清晰度、抠像边缘的柔和程度分别进行调整。色键器对编程技术的应用，拓宽了数字色键的应用领域，克服了抠像中的常见难题，为电视节目的创作提供了优良的条件。第二，该色键器采用 PCI－E 框架结构，可得到良好的抗锯齿效果。虚拟背景是虚拟演播室系统重要的组成部分，普通的数字色键器只具有四位抗锯齿功能。当虚拟背景模型可渲染面片数量提高时，四位抗锯齿功能无法保证模型的精细程度和色彩还原度，合成的场景并不真实自然。SmartMatte 色键器拥有八位抗锯齿功能，对虚拟场景渲染的能力提高了十倍，能够以时间编辑线为基础对虚拟背景进行渲染，甚至在运动的场景中也能得到最佳的视觉效果。第三，该色键器采用无限蓝箱技术，可生成柔和自然的过渡边缘。如何得到真实自然的合成图像边缘，一直是虚拟演播室节目创作者关注的焦点，也一直是色键技术改进的动力。动态无限蓝箱技术的出现，使色键器对抠除图像的定位更为简便快捷，无须经过复杂的键控技术，就能在输出屏幕上将所需抠除的图像去掉，非常适合不太熟悉虚拟演播室系统的操作人员。

SmartMatte 色键器操作流程便捷，非常适合高校的使用环境，其基本的操作流程为：首先，使用 SmartMatte 色键器的自动计算功能，色键器会根据虚拟演播室的现场环境，对场景内的灯光、前后景的色彩、亮度信息进行识别和记录；接下来，使用自动合成功能，得到参考效果；最后，根据合成结果，调整编程参数，对有问题的模块进行修改，直到效果令人满意。在操作过程中，需要对以下几个选项特别关注：透明度控制选项、噪波控制选项、半透明控制选项、紫色蓝色物体处理选项，这些参数直接决定了合成图像的最终质量。

（2）Ultimatte 色键器。Ultimatte 系列色键器是一种以线性运算为主的色键器，在目前国内的虚拟演播室内应用得比较广泛。Ultimatte 色键器具有以下三个特点。

第一，避免了过度抠像问题。在虚拟演播室的工作中，经常会遇到一些问题，比如前景物体是一些反射性较强的金属，容易导致金属上形成大面积的蓝色溢出，这样往往导致画面被抠穿。一般来说，为了后期操作的便利，在虚拟节目的制作中，会尽量避免出现溢蓝现象的物体，但在无法避免的场景中，Ultimatte 色键器就能在一定程度上缓解反射或接近色所带来的负面效应。在 Ultimatte 色键器中有两个选项可调节画面的抠除："Matte Density" 和 "Black Gloss"。如果对"Matte Density" 进行单独调整，会导致画面的整体色调出现偏差；而如果对" BlackGloss"进行单独调整，会导致抠像质量不佳。Ultimatte 色键器则是综合调整这两个选项来对前景物体、后景物体分别处理，这样就不会被过度抠像的问题所困扰。

　　第二，能够得到柔和真实的边缘和轮廓。在虚拟演播室节目的创作中，过粗的边缘和轮廓，极大地影响了场景的真实效果。Ultimatte 色键器提供了多个选项来配合完成对轮廓和边缘的调整。如 "Clear up level" 和 "Clear up Threshold" 这两个选项就经常会被配合使用，用于清除抠像不完整的边缘细节。如果对 "Clear up level" 进行单独调整，容易失去前景物体的细节，如表演者的服饰和毛发等；如果对 "Clear up Threshold" 进行单独调整，则只会改变颜色差值的斜率，不会在画面上出现什么反应和效果。Ultimatte 色键器则是通过综合调整这两个选项，使前景物体和虚拟背景的结合真实而自然。

　　第三，前景色彩得到真实的还原和校正。在虚拟演播室中，由于物体之间的互相反射，蓝箱的颜色也会被反射到前景物体之上。比如表演者如果身着白色的服饰，在图像合成时服装就会隐隐发蓝。这种现象容易引起摄像系统色彩识别的误差，产生色彩失真现象。同时一些特定的颜色，比如紫色，也会出现类似的情况。Ultimatte 色键器提供了两个模块来解决色彩失真问题，分别是纠错模块和色彩校正模块。在纠错模块中，不仅可以通过色键器的自动算法来完成对反射颜色的抑制，也可以通过手动来纠正色键器的误判。在色彩校正模块中，Ultimatte 色键器可对前后景的色彩平衡、黑白平衡、对比度、饱和度等进行单独调整，以保证能够对失真的画面进行手动还原。这样还可以很好地解决多台摄像机之间由于型号不同、白平衡不同所带来的误差。

　　Ultimatte 色键器的操作流程分为四个步骤：第一，生成蒙版。Ultimatte 色键器对前景物体的颜色信息进行识别，将每一个像素拆分为一个 matte 数值，0 代表纯黑，1 代表纯白，这样就通过亮度信息得到了蒙版信号。第二，处理前景画面。Ultimatte 色键器对前景的处理非常简捷，它采用了乘积原理，将前景的像素值和 matte 数值相乘。当 matte 值为 0 时，则这个点的像素信息可以在画面上得到显现。第三，处理背景画面。处理背景画面的算法与处理前景画面的算法原理完全相同。matte 取值为 0～1 之间，当 matte 值为 0 时，背景画面完全不显示。第四，合成最终画面。Ultimatte 色键器在合成画面时，采用了相加的原理，将前景的数值和背景的数值相加，得到最终的画面。

4.3　实训与创作

　　通过本操作，学会使用 SmartMatte 色键器进行抠像。

　　SmartMatte 色键器（见图 4-6）是美国高创公司所推出的虚拟演播室系统抠像的专业设备，是一种独特的全数字实时抠像设备。它采用线性键方式完成图像的合成，不但使用起来简捷、便利，而且合成效果精度高、无任何损失。Smart-Matte 色键器因其强大的渲染能力和广播级的图像质量，在高校的虚拟演播室系统中得到了大量的应用，为高校的校内新闻制作和影视类专业的发展提供了极好的技术平台。使用 SmartMatte 色键器完成抠像的步骤如下：

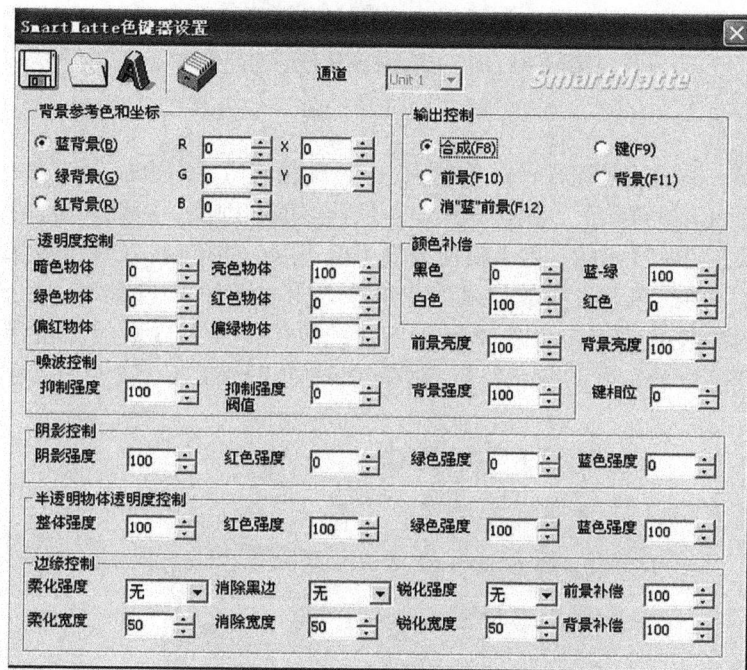

图 4 - 6　SmartMatte 色键器的控制面板

　　步骤一：打开 SmartMatte 色键器的控制面板，在输出控制选项菜单下，可根据具体的需要切换快捷键 F8 ~ F12 观察前景信号源、背景信号源以及最终合成效果。（见图 4 - 7）

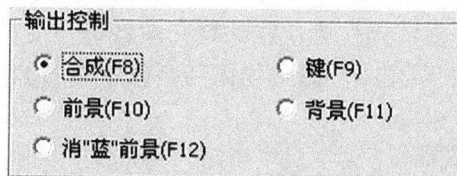

图 4 - 7　SmartMatte 色键器的输出控制选项菜单

　　步骤二：如果抠像的效果发生异常，可以点击 SmartMatte 色键器控制面板左上角的通用设置来进行参数重置。保持其他设置不变，点击大写字母 A 可恢复默认随机设置。（见图 4 - 8）

089

图 4 - 8　SmartMatte 色键器的通用设置

步骤三：根据前景和背景图像的 R、G、B 色域值，对合成图像进行调整。在背景参考色和坐标菜单下，调整背景参考色的主值和副值。一般来说，我国采用的是蓝色背景，蓝色背景的参数大概应设置不低于 160 的单位，如果此数值无法满足抠像效果，可将红色背景参数和绿色背景参数同时增加 10 个数值。在欧美地区，绿色背景的参数值大概应设置不低于 160 的单位。如果此数值无法满足抠像效果，可将红色背景参数和蓝色背景参数同时增加 10 个数值。（见图 4 - 9）

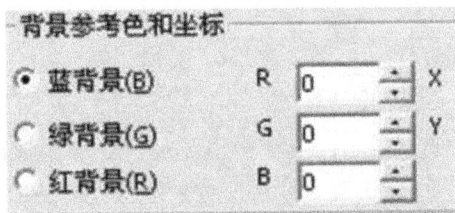

图 4 - 9　SmartMatte 色键器的色域值调整菜单

步骤四：在使用 SmartMatte 色键器进行抠像时，前景物体和背景图像之间会发生透明现象，特别是当前景人物身着白色服装或前景物体有明显白色边框时，这种现象特别严重，因此要对透明度进行适当的设置。在对数值进行调整时，可应用前景人物的头发作为暗部物体调整的参照对象，同时用白色的衬衫作为亮色物体调整的参照对象。具体操作为：在保持其他数值不变的情况下，调整 SmartMatte 色键器透明度控制菜单中的暗色物体和亮色物体的参数值。（见图 4 - 10）

图 4 - 10　SmartMatte 色键器的透明度控制菜单

步骤五：在使用 SmartMatte 色键器进行抠像时，背景会出现一些闪烁的亮点，这就是噪波。一般来说，可以通过增大抑制噪波的强度使噪波消失，以增强画面效果。具体操作为：在保持其他数值不变的情况下，调整 SmartMatte 色键器噪波控制菜单中的抑制强度值和抑制强度阀值的参数。（见图 4 - 11）

图 4 - 11　SmartMatte 色键器的噪波控制菜单

步骤六：在使用 SmartMatte 色键器进行抠像时，由于摄像机的镜头、布光及前景物体与背景物体之间的互相反射，会造成前景物体抠像边缘不精细，有时会出现黑色的边缘，有时也会出现白色的边缘。如果要消除黑边，则需要调整阴影控制菜单。在阴影控制菜单中，可通过阴影强度和红色强度数值调整的配合，抑制黑色噪点，使边缘和出现透明现象的部分消除，但切忌数值太高，否则边缘会变成白色。如果要消除白边，则需要调整透明度控制参数。在透明度控制菜单中，可通过整体强度和红色强度数值调整的配合来消除白边，使半透明部分变实，但切忌数值太高，否则边缘会变成黑色。（见图 4 - 12 和图 4 - 13）

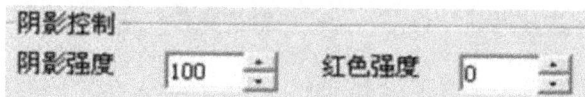

图 4 - 12　SmartMatte 色键器的阴影控制菜单

图 4 - 13　SmartMatte 色键器的半透明物体透明度控制菜单

步骤七：在使用 SmartMatte 色键器进行抠像时，前景物体的颜色不一定能在合成画面之中得到真实的还原。如果出现这一情况，应及时对前景物体的颜色进行调整，使其得到真实的呈现。一般来说，前景物体为紫色时，颜色大多不能得到真实还原，可能会呈现为红色或咖啡色。这时需要调整 SmartMatte 色键器的颜色补偿菜单，通过对红绿蓝三基色的调整和黑色数值调整的配合，使变色后的物体还原为真实颜色。但是，如果颜色在合成过程中显示正常，则不需要调整这一菜单中的参数。（见图 4 – 14）

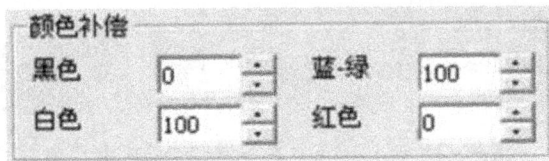

图 4 – 14　SmartMatte 色键器的颜色补偿菜单

　　步骤八：在使用 SmartMatte 色键器进行抠像时，由于演播室内的灯光系统、虚拟背景内的灯光以及前后景物体之间所形成的反射、折射等现象，有时会整体亮度过强，使画面曝光过度，有时则会整体亮度较弱，使画面显得灰暗。具体操作为：调整 SmartMatte 色键器的前景亮度和背景亮度菜单，通过前景亮度值和背景亮度值的调整，使画面整体亮度正常。但是，如果合成画面中整体亮度显示正常，则不需要调整这一菜单中的参数。（见图 4 – 15）

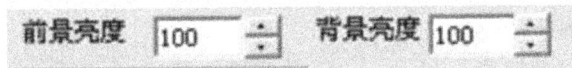

图 4 – 15　SmartMatte 色键器的前景亮度和背景亮度菜单

　　步骤九：在使用 SmartMatte 色键器进行抠像时，键信号是完成抠像的重要参数。一般来说，键信号不需要经过太多的调整，但是如果在画面合成时出现一边白一边黑的情况，则需要对键信号的参数进行调整。具体操作为：调整 SmartMatte 色键器的键相位参数值，键相位参数值控制着键信号的位置，键相位的调整可消除边缘异常的现象。（见图 4 – 16）

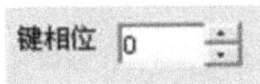

图 4 – 16　SmartMatte 色键器的键相位菜单

步骤十：在使用 SmartMatte 色键器进行抠像时，前景物体抠像边缘的精确度对画面质量有着至关重要的影响。SmartMatte 色键器有一种特别的高性能键处理技术，能使边缘细节更为真实。具体的操作为：调整 SmartMatte 色键器的边缘控制菜单，根据实际情况对菜单下的柔化强度、消除黑边等数值进行精细调节，得到真实高质量的边缘效果。（见图 4 – 17）

图 4 – 17　SmartMatte **色键器的边缘控制菜单**

步骤十一：在使用 SmartMatte 色键器进行抠像时，最后可以保存常用抠像参数，以便下次使用时快速调用。SmartMatte 色键器虽然提供了丰富的可供调整的菜单栏，但是并不是调整的参数越多，整体的合成画面效果就越好。从原则上来讲，调整的参数越少，画面的效果越真实。如果不根据实际情况，参数调整过多，会造成边缘闪烁的问题，容易出现锯齿，反而使画面效果失真。这时只需要调整主要的菜单栏参数，点击"保存"按钮将抠像参数单独保存，下次便可快速调用。（见图 4 – 18、图 4 – 19 和图 4 – 20）

图 4 – 18　SmartMatte **色键器的保存按钮**

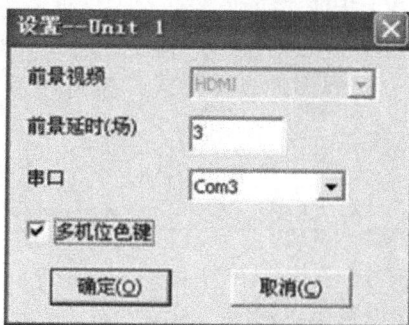

图 4 – 19　SmartMatte **色键器保存菜单的设置菜单**

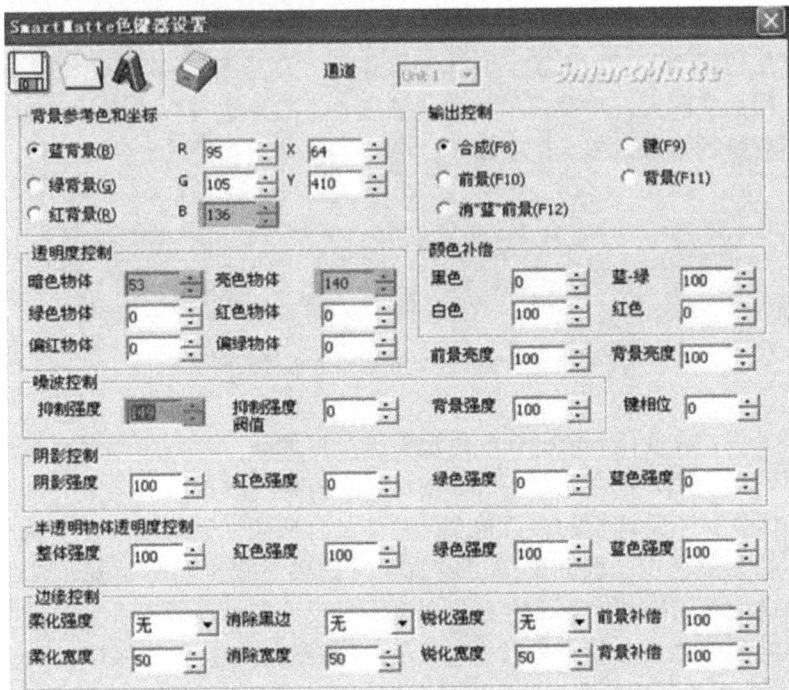

图 4 – 20　SmartMatte 色键器抠像常用调整参数

【思考题】

1. 色键器的概念是什么？
2. 色键器包括哪几种类型？各有什么特点？
3. 色键器的抠像背景有哪几种类型？该如何根据节目创作的类型进行应用？
4. 如何根据实际情况选用色键器？
5. 请结合虚拟演播室节目的创作，对画面色彩失真问题进行矫正。
6. 请根据学院进行节目创作的具体需求，挑选一款适合的色键器，并列出详细的理由。

5

国内外虚拟演播室介绍

　　本章介绍了目前国内外虚拟演播室主要产品的发展及其主要功能特性和参数。

【本章学习要点】

通过本章的学习，了解国内外虚拟演播室的发展历程和关键技术。

【本章内容结构】

国内虚拟演播室介绍
- Top3D Set三维虚拟演播室
- 新奥特公司NASET虚拟演播室系统
- Vision Magic虚拟演播室系统
- U-Set星空3D全景虚拟演播室系统

国外虚拟演播室介绍
- 印度MONARCH无轨虚拟演播室系统
- 韩国达瑞VS2000虚拟演播室系统
- RT-Set公司的Larus虚拟演播室系统
- ORAD（傲威）公司的Cyberset虚拟演播室系统

实训与创作

5.1 国内虚拟演播室介绍

在世界范围内，虚拟演播室的生产量还不是很大。只有少数厂家能够提供完整的虚拟演播室系统，其中一些厂家能够提供较多的产品配置供用户选择，而一些厂家只能够提供一款或两款产品。

以下分别列出了一些在虚拟演播室技术方面具有代表性的厂家的产品，他们在系统的结构、摄像机的跟踪方式、图形工作站的配置、虚拟演播室的功能、操作系统等方面采用了不同的设计思路，读者能够从中找到各种虚拟演播室产品的详细描述，但需要说明的是这些描述和评价只代表了厂家的观点。

5.1.1 Top3D Set 三维虚拟演播室

深圳市迪乐普数码科技有限公司所开发的 Top3D Set 系列三维虚拟演播室系统是目前世界上渲染能力较强、较为成熟完善的虚拟演播室系统，同时提供了顶级的视频图像质量和强大的功能模块。该公司在 2007 年 3 月的 CCBN 展会上推出了国内首家高清 SDI 虚拟演播室，该系统能够向下兼容 SD-SDI 系统，跟踪流畅，图像清晰，拥有目前业内虚拟演播室系统的几乎全部功能特点，获得业内专家的一致认可。该公司同时推出了业内独有的 HDV、DV 系列的虚拟演播室系统，针对客户的不同需求提供业内最为完善的系统配置。产品型号可以按摄像机机位数（单机位/多机位）、合成输出通道数（单通道/多通道）、摄像机跟踪参数采集数（单机位跟踪/多机位跟踪/固定机位跟踪/移动机位跟踪）、视频信号格式（全 DV、HDV、Y/C、YUV、SD-SDI、HD-SDI 虚拟系统或任意组合）、主持人景深识别系统、独立预监模块（用于机位数多于通道数时的实时合成预监）、外视频采集模块以及根据系统的渲染能力而搭配的视频服务器的数量等进行不同的组合和配置，具有最佳的性价比，而且所有的组合配置均按模块化结构设计，便于用户的系统升级和原有设备的保值。

1. Top3D Set 三维虚拟演播室系统技术指标

本系统为具有带机位跟踪的三机位全数字虚拟演播室系统，同时兼容模拟YUV、信号的输入输出。系统具有活动外视频输入功能，具有高性能的主机控制台、RT3D 流媒体视频服务器、色键器、场景和掩膜生成器、摄像机控制和参数采集、多机位切换等。

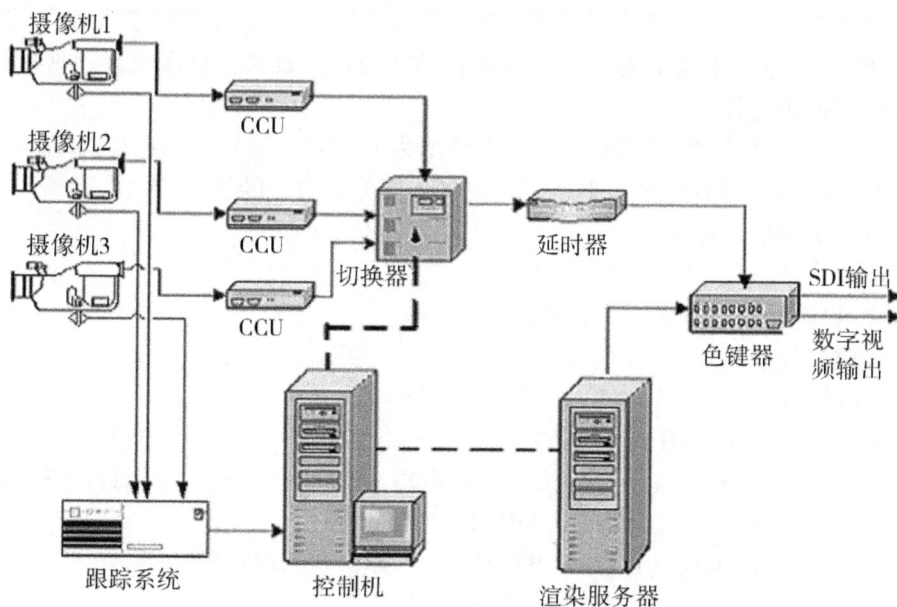

图 5-1　Top3D Set 单通道三机位虚拟演播室系统结构原理图

摄像机拾取包含蓝幕背景的前景信号，并将其送入虚拟演播室系统中的程控切换器，选择一路信号输出至延时器，然后送入色键器，与计算机输出的图形背景信号合成为虚拟演播室的最终合成信号。摄像机的各种参数（平摇、俯仰、推拉）信息通过传感器（跟踪系统）送入电脑进行数据分析，使输出的图形背景根据前景的变化作相应的透视变化。跟踪系统包含一个精确的镜头校准系统，用户能够方便地在演播室中校正镜头。

本系统具有一路 SDI、YUV 数字外视频输入功能，模拟或数字同步输入锁相，一路 SMPTE 259M 无压缩，10 比特数字视频输出或模拟分量输出，一路键输出信号，4：2：2：4或4：4：4：4，可实现虚拟物体和前景的遮挡和穿越。系统输出可接入非编系统或数字录像机进行采集。系统具有全场景抗锯齿功能，图像为广播级输出，图像清晰、色彩丰富，具有基于时间线的动画编辑工具，功能强大、易于操作的软件界面。

本系统为三机位，其中一路为摇臂式可移动机位跟踪的系统。系统的移动机位跟踪可以基于任何摇臂、导轨或者在三脚架上加装脚轮实现，并且不需要对摇臂、导轨等做任何机械改造即可实现很好的移动机位跟踪效果。基于任意摇臂、导轨的 Top3D Set 系列虚拟演播室红外移动机位跟踪是一种简单、可靠、高精度的移动机位跟踪解决方案，系统按场频完成系统的跟踪采集和计算，稳定可靠，无累计误差，抗干扰能力强，不影响系统的图像输出效果，摄像机运动平滑，绝无滑步和抖动现象。

系统兼容 PAL 制、NTSC 制，SDI 输出为 SMPTE 292M、SMPTE 259M 格式，符合 CCIR – 601 视频标准。整个结构设计采用分立集成的设计理念。

（1）系统视频指标。

前景信号输入：SD-SDI、YUV

背景信号输出：SD-SDI、YUV

合成信号输出：SD-SDI、YUV

外部键输入：SD-SDI、1VP – P（75Ω 终接）

格式：SD：525/60 或 625/50

　　　　Y：1 V_{P-P}（75Ω 终接，带同步）；U、V：0.7 V_{P-P}（75Ω 终接）

标准：SD-SDI：270MGbps，SMPTE 259M

　　　　YUV：PAL（ITU – R BT. 470），NTSC（SMPTE 170M）

I/O 视频处理：4：2：2：4分量，10 – bit

内部视频处理：4：4：4：4分量，32 – bit

同步基准：模拟黑场：bi-level 或 tri-level

信噪比：≥75dB

（2）系统跟踪精度误差≤0.001 度/360 度。

（3）系统跟踪响应：8MHz。

（4）系统工作温度：−20℃～35℃。

（5）相对湿度：20%～80%。

（6）技术参数如下表所示：

表 5 - 1　数字特性

序号	测试项目		单位	指标
1	SDI 幅度		Mv	792
2	上升时间		Ps	733
3	下降时间		Ps	965
4	上冲		%	0
5	下冲		%	0
6	直流偏移		Mv	−4.2
7	抖动	1KHz	Ps	338
		10Hz	Ps	318
8	SDI 晃动	ppb/s		8.49
		Hz/s		0.038

表 5 - 2　数字视频特性

序号	测试项目		单位	指标	
				Y	Pr /Pb
1	输出幅度		mv	689.7	521.3/522.8
2	幅频特性	频率	MHz	0.5～5.0	0.5～2.5/0.5～2.5
		幅度	dB	0.2～0.04	0.06～0.09/ 0.06
3	K 系数		%		0.1 / 0.1
4	时延		ns		0.7 / 0.8
5	信噪比		dB	76.3	80.5 / 80.4
6	非线性失真		%	3	3

表 5 – 3　整个通道模拟声音信号输入/模拟声音信号输出

序号	测试项目		单位	指标	
				A 通道	B 通道
1	最大输入电平		dBu	17.7	17.7
2	讯道间隔离度		dB	105.972	102.195
3	频响	频率	Hz	20 ~ 20K	20 ~ 20K
		幅度	dB	− 0.28	− 0.6
4	谐波失真		%	0.004 61	0.004 56
5	THD + N		%	0.020 35	0.020 47
6	信杂比		dB	74.66	74.57
7	电平差		dB	− 0.01	
8	相位差		%	− 0.848	

2. Top3D Set 虚拟演播室系统功能特点

（1）Top3D Set 系统的软件功能。

①系统的软件界面分两种工作模式：编辑模式，主要用于播出列表的预先编辑；播出模式，将播出列表实时播出。系统的编辑界面采用三维四视图的结构设计，非常近似于通用动画软件 3D Max 的界面风格，使稍有电脑动画基础的人就可以轻松上手，操作简单易学。

②系统的播出界面采用独有的基于时间线轨迹编辑播出的功能强大、灵活的播出控制，像非线编辑一样的基于时轨的播出控制，使各种复杂的播出控制功能的调节变得非常方便、直观。

③系统具备强大的图形渲染能力，它能根据实时采集的摄像机参数信号对复杂的场景进行实时渲染。系统可以同时渲染数十万个三角形面片和 400M 以上的纹理贴图，实现了 8 位的全场景反走样、动态阴影、全场景雾化、动态灯光、多路活动视频等功能并保证系统的稳定。

④系统"所见即所得"的动画设计和虚拟物件的实时调整，真实感强，能够与前景信号、掩膜信号较好地融合，并可根据虚拟物体的空间位置自动实时地指定掩膜物件，保证正确的遮挡关系。

⑤系统支持在虚拟场景中开数十路虚拟视频回放窗口，窗口中可以实时回放最多 6 路不同信号源的外视频节目。电视墙中的画面以场频速度实时生成，软件可以实时对电视回放窗进行随意的移动和变形处理，把窗口设计为圆弧、球面等

任意特殊的形状效果。系统还具备视频窗的特技功能，可以实现虚拟视频窗与全屏幕视频画面的自由切换、视频窗的飞入/飞出等特技。

⑥场景中所有物体既可以采用三维建模软件设计制作的三维模型，也可以是场景中实时生成的动画效果，每个虚拟物体都可以结合场景的需求实时做出旋转、移动、缩放、变形等动态调整，增强了场景的真实感与活泼感。

⑦Top3D Set 可以基于四视图独立编辑动画轨迹，而动画轨迹作为独立的事件存在，可以基于关键帧来编辑每一个节点的位置、姿态、缩放比例等参数。虚拟场景中的每个虚拟物体、特效、灯光等都可以和动画轨迹相关联，并在时轨上编辑事件，以决定虚拟物体什么时候、以多快的速度沿动画轨迹运动。

⑧Top3D Set 对遮挡层无限制，当虚拟物体到虚拟摄像机的距离小于演员到真实摄像机的距离时，虚拟物体自动出现在人前；反之，自动出现在人后，掩膜是自动生成的。系统提供 8 盏虚拟灯光，可以分别对虚拟灯光的颜色、位置、方向、衰减等属性分别进行调整，同时，虚拟灯光还可以沿轨迹运动，极大地丰富了场景的灯光效果。

⑨为了使节目画面更加丰富，Top3D Set 系统内嵌了雨雪、落叶、礼花、游动的鱼、飞行的蝴蝶等虚拟特效。特效物体同三维物体一样，可以实时改变自身的三维空间坐标、空间姿态参数和空间缩放参数，并可在时轨上沿特定轨迹运动，将这些景观添加到拍摄场景中，可以更好地烘托出不同风格节目的现场气氛。Top3D Set 还具有全场景雾化功能，雾的浓度、颜色、衰减等参数均可实时调整，为节目的拍摄增加了真实感。

⑩系统采用 CS 结构设计，在任意配置下，只需一个操作界面即可进行操作和编辑。

⑪系统基于 Microsoft 最新渲染平台，运用了大量的优化算法，保证最大限度地发挥视频服务器顶级的硬件渲染性能。采用基于硬件加速的三线性滤波和全场景反走样技术，保证得到的画面质量光滑细腻。对场景中的物体纹理贴图采用了 MipMap 处理技术，保证了动态物件的纹理不会产生抖动现象，得到流畅精致的节目画面。

⑫Top3D Set 系统基于 Windows XP 操作系统，内部使用全数字高性能高品质的渲染平台，渲染 32 位的真彩色、带 Alpha 通道的三维场景，可以对虚拟场景中的任何物件做半透明处理，并可以结合虚拟灯光制作出惟妙惟肖的光感透明效果。

⑬系统建立了开放式的数据接口，可直接读取".3ds"格式的三维建模文件，支持应用 3D Max、Maya、Softimage 3D 等国际著名的三维建模软件制作的三维场景。

⑭Top3D Set 对虚拟大屏幕内部进行三线性滤波完全消除了镜头推拉时虚拟大屏幕内部视频纹理闪烁的问题，对大屏幕边缘专门，采取多重采样滤波的方式来进行边缘抗锯齿运算，使虚拟大屏幕运动过程中的边缘光滑无明显锯齿，大屏幕内视频信号清晰无闪烁。同时，Top3D Set 可以基于时间线自由设定虚拟大屏幕的播放内容、运动轨迹、缩放、旋转等参数，丰富了节目内容和表达方法。并且，系统中的活动视频信号可以贴在虚拟场景中任意物件表面上，如虚拟电视屏幕、门、地板、窗户等。

（2）Top3D Set 系统的硬件性能。

①Top3D Set 系统是业内唯一可以在任何电脑进行视频图像渲染并输出的虚拟演播室系统，具有视频图像工作站和视频板卡的无关性，因此可以选用最新最快的视频图像工作站，使系统的渲染能力大幅提高，充分享用主板、CPU、显卡、内存等的飞速发展带来的优越条件。系统的视频输出采用 MATROX DSX 卡（DV 输出采用 DV 卡），提供了业内顶级的视频图像质量。

②系统支持各种内置、外置色键器，可以和国内外任何一家的色键器进行匹配，全方位支持业内顶级色键——SmartMatte 系列色键。

③Top3D Set 系统具有动态无限蓝箱功能，边缘可以无限制柔和从而过渡自然，摄像机任意运动也不会将初始去掉的"垃圾"前景模块显示出来 。边缘蓝箱定位简便快捷，无须任何测量，操作非常方便。

④高精密度机械传感器系统：Top3D Set 的跟踪系统采用的是光栅旋转编码器的高精度参数采集系统，采用8M 频响的采集电路，实时采集和传输平摇、俯仰和变焦等参数。结合事先设置好的摄像机机位 x、y、z 位置坐标参数，可以实现摄像机快速推、拉、摇等任意方式的固定机位变化，画面精确同步，绝无任何撕裂、抖动或前后景错位等现象。先进的光栅旋转编码器，采用远端低电压供电的模式，信号抗干扰性强、传输距离远（最远 300 米），安全方便。跟踪系统对实景演播室无任何要求，可以实现 360 度旋转及任意运动，对 Top3D Set 系统的色键抠像效果无任何影响。

5.1.2 新奥特公司 NASET 虚拟演播室系统

新奥特硅谷视频技术有限责任公司作为一个多年来从事开发与销售数字视频产品的高科技公司，在国内视频行业中占有重要地位，率先推出了我国具有自主版权的虚拟演播室系统。至今，该公司销售的虚拟演播室系统在国内的市场占有量处于领先地位，并深受用户好评。

1. NASET 虚拟演播室系统技术指标

（1）传感系统。

准确跟踪云台的 pan、tilt 和镜头的 zoom 这三个自由度变化，实现对摄像机的焦距、水平方向、俯仰方向的精确测量。云台传感器角精度为 0.001 度、变焦全程 4 000 量化单元。移动传感角精度为 0.001 度、移动传感位移精度为 1mm。

（2）图形工作站系统。

NASET 的图形系统基于 OPEN – GL 图形平台之上，采用高性能的专业图形工作站以及高质量的专业 3D 加速处理卡，实时跟踪摄像机的俯仰、平摇和变焦参数的变化，并根据这些参数的变化实时生成运动的三维虚拟场景。三维虚拟场景中的景物具有 z 方向的厚度，在视觉效果上更具立体纵深感，更加真实。配以新奥特自主研发的场景优化处理技术，系统能够流畅地运行复杂的三维场景，使场景画面更加细腻、逼真。该系统由以下三部分组成。

①工作站级 64 位双 Opteron CPU / 1GECC 校验内存/80G 系统硬盘。

专业图形加速卡：像素填充率 33 亿像素/秒，浮点运算 800 亿次/秒，三角形生成速率 6 500 万个/秒，显存带宽 51GB/秒；PCI – EDE 图形总线；512M 高速图形显存。

②视频同步锁相、视频实时采集。

③SDI、YUV 广播级信号输出接口。

2. NASET 虚拟演播室系统功能特点

（1）高精度实时跟踪系统。

在 NASET 系统中，可以实现对摄像机的焦距、水平方向、俯仰方向的精确测量，能够方便地定位和校正摄像机的初始位置。该系统在如下方面有着无可比拟的优越性。

①嵌入式云台传感结构。利用云台轴线结构间隙嵌入精密齿轮盘式结构，在不破坏原云台性能的前提下，保证了传感系统的精度。NASET 系统采用日本原装精密码盘，具有体积小、精度高、可靠性强的优点。

②独创的软连接码盘轴。镜头变聚焦传感器是对相应的齿轮盘咬合，由镜头的齿轮运动带动传感器码盘。传感精度取决于齿轮变化和咬合配合，如咬合太松会出现回差，咬合太紧会造成镜头阻尼增大，时间长久会严重磨损镜头齿轮。而 NASET 系统采用的软连接结构可以用一定的弹力进行压合，保证了传感精度又不会对镜头造成磨损。

③变焦参数非线性校正技术。所有镜头变焦均有非线性误差存在，因而虚拟场景的变化要随之相应变化，否则会出现缩放时前景和背景错位的情况。新奥特 NASET 系统可自动测量镜头非线性的误差，并对场景进行相应的校正。

④移动机位传感系统。利用装在三脚架橡胶软轨滑轮小车上的活动机位传感器，实时采集摄像机移动时的位移数据并传送给图形发生器，使虚拟摄像机产生

相应的位移，实现了虚拟演播室中的移动机位，使摄像取景更加灵活，大大地丰富了虚拟演播室的拍摄手法。移动机位是三维虚拟演播室的重要标志。在三维虚拟演播室中，随着机位的移动，场景中的虚拟物体的各个侧面包括背面皆可显露出来，这是所有二维、二维半虚拟演播室都无法达到的功能。

（2）高质量虚拟背景生成系统。

NASET 系统是按三维虚拟演播室的标准定义设计的。其调用的背景是用传统的 3D 建模工具（如 3D Max、Maya 等）建立的标准虚拟场景模型序列文件 ＊.WRL，在 OPEN–GL 图形平台上根据摄像机的参数变化进行实时的三维填充和渲染。该系统拥有以下特点。

①高性能的硬件加速支持。OPEN–GL 图形平台的像素填充率为 32 亿像素/秒，浮点运算为 760 亿次/秒，三角形生成速率为 5 700 万个/秒，显存带宽为 8GB/秒，配备 3D 加速缓存为 DDR RAM /4ns 。高性能的硬件指标保证了 NASET 系统可以实现三维建模以及实时的三维渲染。

②实时生成运动的三维虚拟场景。三维虚拟场景中的景物具有 z 方向的厚度，是立体的，随着摄像机的移动可以看到景物的侧面和背面。NASET 系统具备三维遮挡功能（选购），在三维场景中，虚拟景物既能作为真实人物的背景出现，也能作为前景出现，并且真实人物还能围绕虚拟场景运动，因而在视觉效果上更具立体纵深感，更加真实。

而二维虚拟演播室调用的只是一幅平面图片，是事先渲染好的 tga 格式或 bmp 格式的图片，没有景深，场景物体之间的相对位置关系是固定的，不能随着摄像机的推拉摇移反映出场景物体之间正确的空间透视关系，只是主持人在一个平面图上的游移，像贴在一幅画上，没有空间立体感，效果不真实。

③矢量场景功能。三维场景是建立在实时生成的矢量模型的基础上，因此，无论场景放大到什么程度，都可以保证三维场景清晰地显示。二维场景只是一幅平面图形，并非实时生成，只能用图形卡有限的显存来存放大小有限的图片。即使采用反走样技术，在场景放大到一定程度时，由于显示元素的缺乏，也依然会出现马赛克或图像模糊的现象。

④可灵活设置的三维电视墙功能。系统支持多个大屏幕电视墙开窗同时播放多路不同的活动视频，大屏幕的大小、形状、位置、运动轨迹可以进行自由编辑，还可以自由控制大屏幕中播放的视频信号的开始、停止。

⑤无限蓝箱功能。无限蓝箱功能使演员的活动范围及摄像机的取景范围不再受蓝屏大小的限制，系统会自动地将有效区以外的垃圾色块用几何方法屏蔽掉，即使天花板或灯光进入摄像机取景范围也不影响抠像。

⑥无限场景功能。三维场景和二维场景本质的不同在于场景的三维属性。二

维场景使用的是平面图显示，由于受到 PC 总线带宽的限制，只能用图形卡有限的显存来存放有限的场景。在实际应用时，摄像机的推拉摇移受到场景大小的限制只能做小范围的运动。而三维场景建立在实时生成的图形平台上，场景的大小不受限制，摄像机可以在任意运动，配合无限蓝箱技术可实现全场景显示。

⑦强大的实时编辑功能。NASET 系统能够对已经加载的三维场景实时编辑。场景中物体的位置、形状尺寸、动画、材质、纹理、灯光、粒子等属性都可以进行自由编辑、调整并实时显示，用户可以根据节目的需要随时调整虚拟场景。

⑧动感十足的三维动画功能。NASET 系统可以实时播放任意多个三维动画，并且可以对每个动画的起始、停止等动作分别进行控制。每个动画都是以三维模型为基础构建的，具备三维属性，动画的各种属性可以进行任意调整，包括位置、形状、尺寸、材质、纹理等。

⑨方便的三维字幕功能。NASET 系统支持用户实时制作三维字幕，三维字幕的位置、形状、尺寸、材质、纹理等属性都可以进行实时调整，还可以将三维字幕做成动画。

⑩独创的库管理功能。NASET 系统提供丰富的库管理模块，内置材质库、纹理库、模型库、粒子库等管理模块可以直接导入 3D Max 制作的三维模型，同时允许自建材质、纹理、模型、粒子等效果模块，这样就可以根据已有的库模块非常方便地建立丰富的三维场景，而不必使用操作复杂的 3D Max 等三维建模软件。

⑪任意的三维遮挡控制功能。NASET 系统突破三维遮挡的"层"的限制，推出全新概念的三维遮挡控制方式，可以任意指定虚拟场景中的任意三维物体作为前景遮挡，使人物可以在三维虚拟场景中自由活动，使系统具备先进的三维场景交互功能。

⑫丰富的自由粒子效果功能。系统提供丰富自由的粒子效果，粒子的位置、形状、数量、材质等属性都可以进行自由编辑、调整并实时显示，可以形象地展现下雨、飘雪、火焰、爆炸等特殊视觉效果。

⑬全新的故事板播出控制功能。NASET 系统推出全新的编辑控制方式，可以将多个场景、动画、遮挡键、视频开窗、视频素材、音频素材放在时间轨上进行自由编辑，在节目制作中可以方便地在场景和各种特技效果间自由切换。

3. 高精度抠像色键合成系统

系统采用当今世界一流的色键技术和设备。采用线性处理技术和多种参数控制产生自然的边缘，保证前景轮廓无闪烁、无黑边，实现自然过渡，并能同时实现对阴影、头发丝、透明体和烟雾的色键处理，使合成效果更加真实。

另外，由于系统采用独立通道化的设计结构，因此允许用户针对每个摄像机进行色键抠像参数的单独调整，达到最佳的合成效果。

4．操作简便、直接

NASET 系统在操作上充满人文关怀，全方位服从人性化设计，真正做到了"以人为本"。系统采用全中文操作系统和应用软件，图形化 Windows 风格操作界面，使操作人员能在短时间内掌握其使用方法。系统采用人性化的操作界面。NASET 系统具有三维四视图预览窗口，可以很方便地从各个角度预览场景，每一个窗口都可以用操作手轮调整视图的方位和焦距。同时，系统的多数操作通过右键进行，这样用户只要在感兴趣的地方或不知道如何操作时点击右键就可以获得操作命令。

5.1.3 Vision Magic 虚拟演播室系统

Vision Magic 1000 炫彩全场景真三维虚拟演播室系统是北京中广上洋科技股份有限公司开发的产品。北京中广上洋科技股份有限公司是国内领先的新一代视音频产品和解决方案供应商，主要产品涵盖教育录播、非线性编辑、媒体资产管理、演播室现场制作、节目播出、多画面监视、虚拟演播室等。

中广上洋公司提供的虚拟演播室系统是 Vision Magic 1000 系列中的 2 讯道"炫彩"高标清虚拟演播室产品 Vision Magic 1300HD，它是一个先进的、实用的、高度集成的、真三维、全场景的无轨虚拟演播室完整解决方案。Vision Magic 1000 炫彩全场景真三维虚拟演播室系统既可采用无轨跟踪技术实现虚拟摄像机定位及推拉、摇移、摇臂航拍等绚丽效果，也可通过机械传感跟踪方式，当真实摄像机做快速小幅度反复或大幅度平摇、俯仰、变焦等取景变化时，虚拟场景画面实时同步地发生变化。

Vision Magic 1300HD 炫彩全场景真三维虚拟演播室去除了烦琐的硬件配置和大规模的数据运算，凭借简单的设置和直观的用户界面，成为一套功能强大的广播电视节目制作工具，为新闻、体育、财经、现场访谈、气象、娱乐节目以及许多其他行业用户提供了理想的解决方案。2 讯道高标清虚拟演播室系统结构如下图所示：

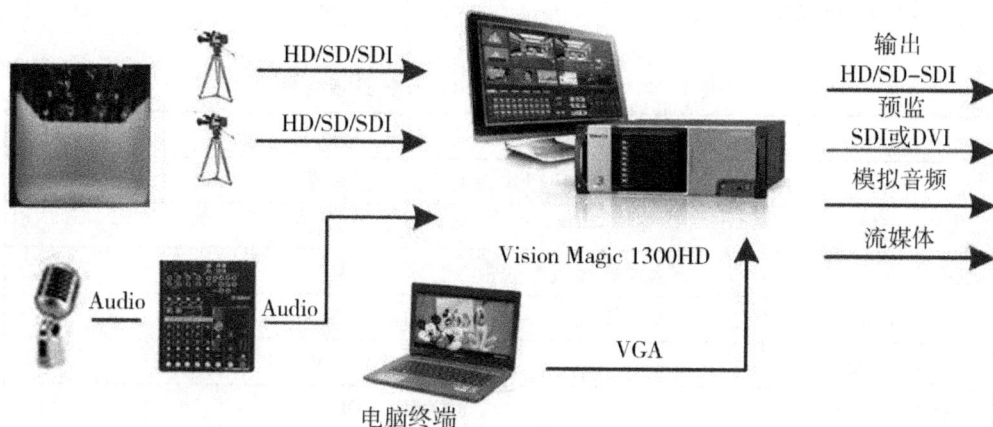

图 5 - 2   2 讯道高标清虚拟演播室系统

1． Vision Magic 虚拟演播系统设计技术参数

（1）系统配置。

支持两路高标清 SDI 信号 & 1 路 VGA 信号输入；

支持两路高标清 SDI 信号输出；

手机 3G 信号播出；

音频采集延时系统（双机位）；

虚拟场景管理系统；

信号监播系统；

无限蓝箱功能；

数字特技切换台功能；

5 通道内置调音台功能；

10 路虚拟机位推拉摇移、摇臂航拍功能；

字幕模板制作、修改、实时播出功能；

虚拟前景叠加播出功能；

本地视频图片混合编单播出功能；

节目录制功能；

流媒体发布功能。

（2）产品规格：

表 5-4 Vision Magic 1300HD **产品规格表**

产品型号	Vision Magic 1300HD
平台	4U 超静音工作站（工作噪音 <40dB）
数据硬盘	2TB 企业级硬盘
大洋广播级专业视频音频处理卡	
板卡	RedBridgeⅢ-Server
频输入接口	CBVS/HD-SDI/SDI ×3
视频输出接口	HD-SDI/SDI ×1
音频输入接口	4×Balance Analog（模拟平衡）
音频输出接口	2×Balance Analog（模拟平衡）、2×Unbalance Analog（模拟非平衡）
锁相信号	REF IN
内部录制功能	支持
3G 信号回传	支持
流媒体发布	支持
字幕制作功能	支持
专业视音频接口后面板	
操作系统	Windows 7 64bit Ultimate
软件	标配软件
	炫彩虚拟演播室软件 V2.0、手机 3G 终端软件
	软件模块
	流媒体发布模块、字幕模板制作模块、字幕模板修改模块
场景库	虚拟场景库 20 套
有轨跟踪设备	
传感结构	VM-Set（进口云台、进口云台传感编码器、进口镜头传感编码器、数据发送盒 MT1000）
数据切换盒	MT2000
外置 Mini 切换台	
切换台	VM-Switch

2. 产品功能

（1）采集功能。

该采集功能支持 HD/SD－SDI 数字视频信号，内嵌 8 声道数字音频信号输入和 8 路模拟音频输入，支持 16：9 的视频窗口并配有 8 路 VU 音频表显示，对将要采集的任务可以进行文件命名。同时可以设置定时采集，根据系统时间设定采集开始时间和采集时长，当采集时长达到设定时长时采集停止。元数据信息主要记录采集的参数编码信息，将采集的主要参数进行显示，这样就可以看到采集进度，从而获知采集效率. 该模块可以切换输入/输出通道，还可在多种系统环境中配合使用。

（2）播出功能。

M2 播出功能由播出预监窗口和播出列表两部分组成。播出预监窗口支持播出素材时码显示并且支持播出的倒计时功能，能在窗口信息中显示视频信息和音频信息。将资源管理器中的素材拖放到播出预监窗口中，物理文件的文件名称、时长信息以及元数据信息也会被显示出来。音频信息将各路音频进行逐一解码，在输出过程中对音频信息进行音量的控制。同时该预监窗口可以对素材的播放、暂定、停止进行控制，并支持资源管理器以及播放列表的打开和关闭控制。该窗口中的通道也是可以互相切换的，可以通过通道按钮进行快速切换。

播出列表支持各种播出模式，支持顺序播放、循环播放、单条的上移或下移、调整播出播放顺序。并且，播出列表可以显示播出条目的相关属性信息以及所有将要播出的条目的总时长，这样，监播人员可以清楚地看到播出的总时长。

在播出过程中播放列表可达到零帧精度切换，尾帧可以设置为素材的最后一帧。

该播出功能支持多通道播出，在播出系统中可以作为垫片服务器或演播室播出服务器使用。将资源管理器中需要播出的素材提交到播出列表进行编单播出，播出单会显示播出条目序号、名称、播出状态、时长、物理文件路径等信息。

（3）资源管理器。

资源管理器的目的是为了在需要的时候能够快速、准确地找到所需要的素材。为了实现这个目的，Multimedia Recorder M2－100 提供了资源管理设计理念以及相应的软件功能。

该资源管理器是基于数据库的资源管理。大多数使用人员不了解数据库管理方式，所以该公司开发了方便用户使用的管理平台。视音频资源管理库的管理与图书馆有着相同之处，视音频数据文件通常存储在计算机的磁盘或者磁盘阵列中，比文本文件、图片的数据量大很多，而且数据积累到一定程度时，检索效率也会下降。MuiltMedia Recorder 系列产品采用了成熟的数据库管理技术，解决了上述问题，可以直观地浏览并管理库中的文件。

该资源管理器配备了自动备份机制，在数据库中都有对应一套 Clip 信息，这些信息包含了媒体名称、视音频格式以及实体文件的存储路径等。Clip 文件与实体文件保持着严格的对应关系，所以建议用户删除素材时在资源管理器中完成，而不要在 Windows 资源管理器中进行，以免破坏对应关系。

Multimedia Recorder 具有完善的数据库自动备份机制，提供数据库还原工具，系统退出或者软件恶意退出后，数据库的备份路径会自动生成一个库文件，重装 Windows 系统后使用数据库还原工具可以快速还原数据文件信息。

用户可以使用收藏夹存储喜爱或常用的媒体文件，且不受项目的限制，即使原素材被删除也不会影响收藏夹中该素材的使用。

资源管理器的回收站用来存放被用户删除的资源，这些资源并非被真正地删除，其索引信息和实体文件依然存在，通过还原可以恢复。素材还原时，如果原存储路径依然存在，会恢复到原路径下；如果原文件存储路径被删除，将恢复到本地库的根目录下。

在本地素材库中可以新建各种项目，并可以根据用户的使用习惯，进行素材的归纳管理。

资源管理器模块可以对本地、采集、导入的文件等一系列资源进行全面管理，它基于数据库的管理技术，采用项目集中管理方式，提供全文检索，在资源管理的稳定性、安全性和操作速度上有明显的优势，并可以支持外部存储介质导入资源管理器中进行管理以及资源的任意调用。

（4）素材编辑窗口。

素材编辑窗口用于对采集或导入的素材进行预览或者分段提取。如要进行分段提取，只需在该编辑窗口中打入出点，打点完成后直接提交到播出列表即可。在软件预监窗口上方显示打点的相关信息以及素材的总时长，该播放器的时间轴是以逐帧形式进行播放的精确打点。

窗口下提供了一组播放控制按钮，可以对素材进行预览或者逐帧搜索，JOG/定比播放可实现正向或反向的变速播放和定比播放。该播放器界面下方提供精准的时间标尺，在时间标尺中打点会在上面显示不同颜色的标记。时间轴上方提供缩放栏，用于对回放窗进行缩放和浏览操作。

3. 产品特点

（1）无轨跟踪、机械传感双模式。

Vision Magic 1300HD 炫彩全场景真三维虚拟演播室可支持 3 路高标清信号的输入，同时软件具有 DDR1、DDR2、VGA、3G、PPT 播放及上屏功能，12 路虚拟机位之间可以快速切换，并能实现摄像机镜头的推拉摇移及摇臂的动作切换。

图 5 – 3　Vision Magic 1300 主界面

　　Vision Magic 1300HD 炫彩全场景真三维虚拟演播室系统采用无轨跟踪技术实现虚拟摄像机定位及推拉、摇移、摇臂、航拍等绚丽效果，虚拟摄像机移动或演员移动时，不需要使用传感器做任何测量；在真实摄像机本身保持不动的情况下，通过制作三维场景动画，改变场景中各个景物的相对角度和位置，便可简单快捷地完成场景定位。同时也可通过机械传感跟踪方式，真实摄像机做快速的小幅度反复或大幅度平摇、俯仰、变焦等取景变化，虚拟摄像机镜头下的场景画面实时发生相同的变化。

　　Vision Magic 1300HD 虚拟演播室系统配置了一整套传感跟踪设备，包括国际知名品牌的云台三脚架、云台传感器、镜头传感器、数据发送盒 MT1000、数据切换盒 MT2000 等，两类传感器实时向虚拟服务器传输数据，根据这些参数虚拟服务器不断调整三维视图，从而保证摄像机前景画面与虚拟三维场景画面的"联动"。

　　Vision Magic 1300HD 虚拟演播室系统将传感器安装在云台上，用以测量摄像机的水平及俯仰角度，其中包含传感器和有关电子装置，称为云台运动参数编码器。为测量摄像机的镜头运动参数，通常在摄像机镜头上安装附加装置，同时将聚焦（focus）、变焦（zoom）传感器附于镜头的聚焦齿轮和变焦齿轮处，这个装置中包含传感器和有关电子装置，称为镜头运动参数编码器。通过托架与镜头上

111

变焦环和聚焦环的齿轮紧密咬合，当变焦环或聚焦环发生位置变化时，编码器能够检测出聚焦变焦的细微角度并将其编码输出；同样，云台编码器可将摄像机平摇、俯仰的角度值编码输出。这两种编码器的数据信息通过三脚架上的数据发送盒 MT1000 传输给数据切换盒 MT2000。同理，其他机位的编码器数据也通过相应的 MT1000 传输给 MT2000，再通过 MT2000 的 RS－232 串口传送给 Vision Magic 1300HD 虚拟服务器。

（2）广播级输入输出接口。

Vision Magic 1300HD 炫彩全场景真三维虚拟演播室系统是一套完整的真三维三机位全数字的广播电视虚拟场景解决方案。系统采用大洋第三代广播级高清晰度视音频系列板卡 RedBridge Ⅲ－Server－2X2I，它采用国际最先进的软、硬件技术，全面支持高清格式并兼容标清，具有超强的稳定性和优异的性能指标。板卡具有 4 路广播级数字高清 SDI 输入输出接口，6 路广播级模拟音频输入接口，保证了高质量的信号传送及处理，同时也提供连接的便利性。

（3）多通道、高精度抠像功能。

Vision Magic 1300HD 炫彩全场景真三维虚拟演播室采用目前一流的软件抠像模块，内置 3 路高标清色键，可对每路摄像机信号单独进行色键处理，实现发丝、半透明物体等画面的精细抠像处理合成的目的，使人或物体的边缘更加自然。同时，也可选配外置色键器。

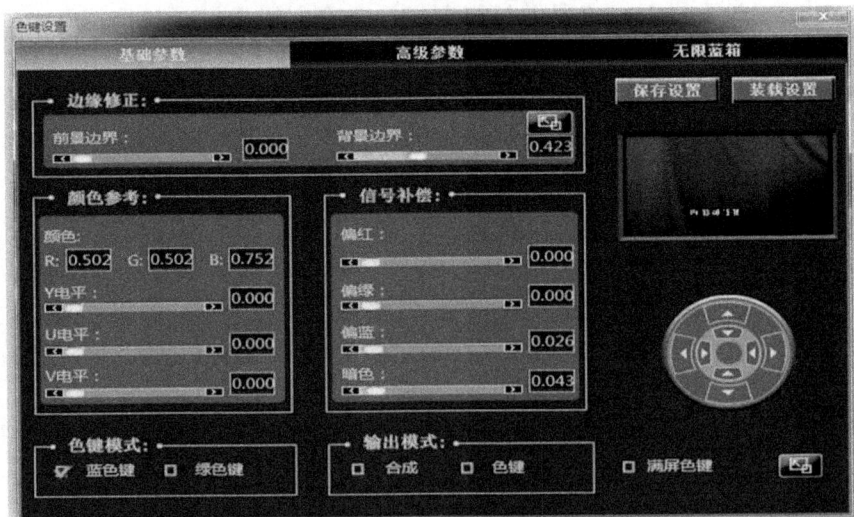

图 5－4　抠像参数设置

图 5 - 5　玻璃抠像效果

图 5 - 6　人物抠像效果

（4）任意调节的电视墙。

Vision Magic 1300HD 全场景真三维虚拟演播室系统，支持 3 路高标清视频信号、2 路本地硬盘信号、1 路 PPT 文件作为在虚拟场景中播放的节目来源。通过虚拟大屏的指派及编单播出，可以同时播放并分别控制多个活动视频。而这一过程只要通过鼠标或键盘快捷键即可实现。电视墙的信号来源可以是外部信号输入，如摄像机、录像机、播放器、工作站等。

电视墙的大小、形状、位置可以自由编辑，同时，电视墙能以任意曲面方式开窗，使电视墙的视频画面能无缝地显示在场景中任意曲面的物体，如虚拟电视屏幕上、门、地板、窗户等，可产生更虚幻的效果，具有更强的视觉冲击力和感染力，更加吸引人。此外，还可以控制电视墙大屏中视频信号的播放、暂停、结束及其信号源和内容。

由于电视墙开窗的位置、大小是在制作三维场景时预设好的，因此在机位切换和虚拟摄像机推、拉、摇、移的过程中，不会出现电视墙播放画面跳跃的现象。

（5）三维遮挡功能。

Vision Magic 1300HD 炫彩全场景真三维虚拟演播室系统具有三维遮挡功能，根据拍摄人物走动的前后位置，可控制遮挡物体在拍摄人物的前面或者后面，营造主持人在场景中穿插走动的效果，丰富了画面的整体层次感，使整个节目的效果活泼而富有趣味，增强了真实感。

（6）阴影和倒影效果。

倒影是一种抢眼的视觉效果，给虚拟场景带来了全新的环境，传递了一种真实的感觉。在 Vision Magic 1300HD 炫彩全场景真三维虚拟演播室系统中，可以获得一个实时的像镜子一般的目标映像或者是像摄像机在发光表面（例如，反光地板、桌面、镀铬的表面）上拍摄到的画面。

阴影是一种深度幻象，它可以让一个扁平的表面看上去变得三维立体化，并有助于确定现场表演、3D 对象与背景之间的空间关系。在 Vision Magic 1300HD 炫彩全场景真三维虚拟演播室系统中可轻松地建立场景中主持人的阴影效果。

（7）实时字幕叠加与更新。

Vision Magic 1300HD 炫彩全场景真三维虚拟演播室系统使用中广上洋自主研发的字幕模块，支持字幕模板导入，支持多层字幕叠加播出，特别是字幕模板播出时内容、字体、大小、底色、位置等属性的实时修改。

（8）虚拟前景叠加播出。

Vision Magic 1300HD 炫彩全场景真三维虚拟演播室系统可直接导入 3D Max 制作的三维物体，并作为虚拟前景物件播出，多个前景物体可同时播出。增强了节目的表现力，丰富了节目内容。

（9）节目录制功能。

Vision Magic 1300HD 炫彩全场景真三维虚拟演播室系统配置了 2T 本地素材存储空间，可以将 Vision Magic 1300HD 制作播出的节目以高、标清不同格式的视音频文件记录在本机，方便节目存档和二次编辑。

（10）编解码技术。

Vision Magic 1300HD 炫彩全场景真三维虚拟演播室系统支持将 Vision Magic 1300HD 制作播出的节目以高、标清不同编码、不同封装格式录制到本机，方便节目的存档和二次编辑，同时可做上下变换处理。

该系统支持 1080I 和 PAL 两种制式的内录，内录为 1080I 时，支持 MPEG2 IBP 和 MPEG2 IFrame（100M）两种编码格式；内录为 PAL 时，支持 MPEG2 IFrame（25M）、H264、DVCPRO（DV25）三种编码格式。

Vision Magic 1300HD 炫彩全场景真三维虚拟演播室系统采用中科大洋的软件编解码技术，支持多种文件格式的播放，同时可将播出的演播室节目以多种文件格式保存到本地或以流媒体方式实时输出。

（11）虚拟特效。

三维场景中任意物体可实时改变三维空间坐标、空间姿态参数和空间缩放参数。同时，软件支持直接导入 3D Max 制作的三维物体作为虚拟前景物件播出，多个前景物体可同时播出。此外，场景灯光可随虚拟机位之间的摇臂操作明暗变换，场景色调可根据节目风格随意调节。

（12）预录信号、VGA、PPT 文件、BG 文件的播控。

Vision Magic 1300HD 炫彩全场景真三维虚拟演播室系统支持本地预录信号、计算机 VGA 信号、3G 回传信号、PPT 文件在虚拟场景中的播放。其中，Vision

Magic 1300HD 可以实现具有 3G 功能的手机（Windows Mobile 系统）所拍摄的视音频信号在虚拟场景窗口中的实时播放，这样可以增加虚拟演播室节目的实效性、新闻性。Vision Magic 1300HD 还可实现对两路本地视频、PPT 文件、图片文件的混合编单播出功能。

（13）高度的系统集成化。

Vision Magic 1300HD 炫彩全场景真三维虚拟演播室系统不但集成了多路高标清色键器、多通道视频输入输出接口，还集成了数字切换台、特技切换台、音频处理系统、音频延时器、字幕机、多画面处理器等，极大地提高了系统的稳定性和可操作性，且安装、操作简单方便。集成数字切换台，可对 10 路虚拟机位进行快速切换及摄像机镜头的推、拉、摇、移及摇臂效果的动作切换。集成特技切换台，实现 PST 信号与 PGM 信号切换特效，新颖独特地呈现切换瞬间的精彩。集成音频处理系统，可对输入音频、本地节目音频、输出音频进行调节。集成音频延时器，可调节输入音频的延时时长，最终实现视、音频同步输出。集成多路高标清色键器，可对每路摄像机信号进行单独色键处理。集成多画面处理器，可监看所有输入输出信号源。集成高标清字幕机，实现字幕的制作、编辑与叠加播出。

（14）极好的安全性和扩展性。

Vision Magic 1300HD 炫彩全场景真三维虚拟演播室系统具有极好的安全性和扩展性。独立通道的结构设计使每个通道独立运行、互不干扰，因此每个通道可以互为热备份，系统性能稳定可靠；系统的升级扩展只需要增加某些周边设备，对系统的安全性、稳定性没有丝毫影响。如 Vision Magic 1300HD 系统由无轨虚拟演播室升级为机械传感跟踪的有轨虚拟演播室只需更换或增加专业摄像机、云台及传感结构等设备，对 Vision Magic 1300HD 虚拟演播室服务器的软硬件不用做任何升级改造，方便简捷，使用成本较低。

（15）操作简便的用户界面。

Vision Magic 1300HD 炫彩全场景真三维虚拟演播室系统采用简单易行的操作方式，大幅度减少了操作者的学习时间；简单易用的图形用户界面减少了操作者的培训时间；键盘快捷键的应用简化了操作者的工作流程，缩减了工作时长，降低了出错概率；全中文的软件界面及培训资料更符合国人的使用习惯，易学易用。

5.1.4 U – Set 星空 3D 全景虚拟演播室系统

深圳励得公司研发队伍的前身——深圳奥维迅公司研究院，曾开发 AV Set 产品以及后续的 U – Set、U – Cut 产品。无论从产品的市场占有率还是从客户的使用反馈来看，励得公司的二维半虚拟演播室产品以其简单实用、成熟稳定的特性得到了市场和用户的肯定。

U–Set 星空 3D 全景虚拟演播室是新一代创新型虚拟演播室系统。它支持三机位同步切换，计算机图形跟踪系统能与摄像机机电传感跟踪系统相结合。渲染系统则会根据场景虚拟摄像机轨迹或者采集摄像机平摇（pan）、俯仰（tilt）和变焦（zoom）的参数，实时生成与前景运动一致并经色键抠像合成以及添加字幕层输出的视觉效果。用户可定制加装机电传感跟踪的摄像机机位，提升系统的性能。

1. U–Set 星空 3D 全景虚拟演播室系统技术指标

U–Set 星空 3D 全景虚拟演播室系统标配类型按照前端摄像机输出信号类型分为 YUV 型、SD SDI 型和 HD SDI 型（兼容 SD SDI），信号输入输出接口类型如下表所示：

表 5–5   信号输入输出接口类型

系统类型	系统型号	摄像机前景输入信号	最终合成输出信号
模拟分量系统	U–Set 3D_YUV	YUV	YUV、Comp.
数字 SD SDI 系统	U–Set 3D_SDI	SD SDI	SD SDI、Comp.
数字 HD SDI 系统	U–Set 3D_HD	HD SDI	HD SDI

以上型号的音频输入输出均为卡农模拟平衡和非平衡接口，且均支持 PAL制和 NTSC 制。

2. U–Set 星空 3D 全景虚拟演播室系统技术亮点

U–Set 星空 3D 全景虚拟演播室系统无论在技术创新性还是在操作实用性方面，都可以称之为新一代虚拟演播室系统。下面来详细了解它的技术优势。

（1）独创运动跟踪算法，开辟虚实结合无限完美视界。励得图形运动跟踪算法是通过设置虚拟摄像机的运动轨迹关键帧，自动计算真实摄像机画面中物体在虚拟空间的坐标。

（2）机电传感与图形运动跟踪结合，最大限度贴近用户应用需求。尽管在实现大范围的虚拟节目拍摄效果方面，图形运动跟踪算法独具优势，但在节目实际制作过程中，摄像师需要对摄像机进行平摇、俯仰或者推拉镜头的动作，由于没有在真实摄像机前端加装物理跟踪方式，所以无法采集获知摄像机参数变化，使虚拟场景与真实前景同步运动。

面对这一应用需求，U–Set 星空 3D 全景系统并没有试图改变用户的操作习惯，采用放大或者移动摄像机人物画面的方法（这种方式会大大降低摄像机前景画面指标，原理如前所述），通过移动鼠标实现镜头变化的效果，而是继承和发展了原 AV Set 和 U－Set 系统的机电传感跟踪方式，在摄像机摇动、变焦拍摄人物半身、特写的过程中，传感系统采集其相应参数，传递至渲染系统，虚拟场景同步变化。

采用机电传感与图形运动跟踪相结合的方式，用户既可以运用前者，满足通常虚拟节目的制作需求，又可以运用后者，实现恢宏的航拍、摇臂等飞行镜头，用于节目的开场与收场，充分表达虚拟空间的广阔场景，实现了技术与艺术的和谐统一。

（3）灵活的多机位设计。U－Set 星空 3D 全景虚拟演播室系统标配三通道摄像机切换器，三个摄像机拍摄的不同景别前景对应相应广角虚拟场景，同时，这三路摄像机信号可以任意绑定任何一路应用图形跟踪算法的运动机位，实现超出实际摄像机机位的切换效果，极大地丰富了虚拟演播室的创作手段。

（4）精美预渲染场景与灵活实时渲染场景元素完美融合。U－Set 星空 3D 全景虚拟演播室系统采用预渲染场景与实时渲染场景元素相结合的渲染模式。对于整个虚拟全场景采用预渲染方式，对场景建模、材质、灯光无任何限制，可构建任何规模的场景。无论是机电传感跟踪还是图形运动跟踪的机位，都采用预渲染方式，做出来的虚拟场景精美细腻、光亮鲜活，既可以应用机电传感跟踪方式实现摄像机的近景、特写拍摄，又可以应用图形运动跟踪方式实现全景、恢宏的拍摄。同时，在场景内可添加各种实时渲染三维、二维场景元素，场景元素完全遵循预渲染三维场景空间坐标定义，满足各个机位视角的合理透视关系，各种视频、图文、动画序列、粒子、三维模型（地球、虚拟电视机/电视墙、统计柱状图和饼状图等）可任意创建，并实现对前景的遮挡功能。

图 5－7　字幕、虚拟桌和前景的遮挡关系

图 5 - 8　字幕、模型、虚拟桌和前景的遮挡关系

图 5 - 9　字幕、模型、虚拟桌和前景的遮挡关系

（5）提供完整的字幕解决方案。独创虚拟合成画面后的字幕叠加通道，可以在虚拟节目画面前添加字幕图文，减少另外给虚拟演播室系统配置下游字幕的成本。字幕具备励得星汉字幕 U - CG 的所有功能。

（6）配备了机械光电传感跟踪系统，使得摄像机跟踪精确平稳。作为一个高级的虚拟演播室系统，精确的传感和快速的场景跟踪至关重要。U - Set 星空 3D 全景虚拟演播室系统采用高精度的机械光电传感器，实时控制三维虚拟场景中的虚拟摄像机参数，从而使三维虚拟场景随着真实摄像机的动作变化而改变。在快速的镜头推拉摇移过程中，可以控制虚拟场景的快速同步变化，同时保持场景精确、平稳地过渡，不会出现人与背景错位的现象。

U - Set 星空 3D 系统摄像机传感跟踪精度在水平、俯仰和推拉方向可以达到非常高的精度。

表 5 - 6　传感器精度：（P/360° = Pulses/360°）

摄像机动作	水平（pan）	俯仰（tilt）	推拉（zoom）
传感器精度	100 000P/360°	100 000P/360°	10 000P/360°

万能镜头传感系统，兼容所有摄像镜头，无须任何机械改造。安装使用简单

快捷，系统状态一目了然。

（7）基于 Ultra - Fx 视频流控制传输技术，确保前后景切换同步准确。目前国内其他厂家的虚拟演播室产品在前后景同步切换上存在技术难点，原因是他们每次切换的时候，都需要从硬盘调出相应的机位背景文件，硬盘的读取速度相对较慢而且不稳定，这样就造成了切换时前后景无法同步。U - Set 星空 3D 运用领先的 Ultra - Fx 视频流控制传输技术，实现所有视频流的传输都独立于计算机传输总线，同时最大限度降低视频流控制对 CPU 的占用，通过在 CPU 里面设计大容量的 DDR 显存，很好地解决了这一问题，使机位切换时前后景同步准确。

（8）独特的本地硬盘播放和外接视频信号的多路大屏设计。U - Set 星空 3D 系统可以在虚拟场景里面同时打开多个内容不同的虚拟大屏幕，1 路大屏幕信号来自外接视频信号源，如 VTR、DVD 等，另外几路大屏幕信号（路数随计算机系统配置而定）可以是事先采集进电脑主机的 AVI 视频文件，而文件的压缩格式可以支持 M - JPEG、MPEGII（I 帧、IBP 帧）、DV25、DV50 等几乎所有的视频压缩格式。

（9）高质量的虚拟大屏幕。有足够快的速度来保证三维视频的纹理映射，也就是说，能够确保在每秒 50 场的基础上让视频实时映射到三维场景当中去，当虚拟背景被完全放大到大屏幕的时候，即视觉画面完全被大屏幕占满的时候，仍然可以得到一个非常好的视频画面效果。U - Set 星空 3D 系统中的虚拟大屏幕接入信号可以采用复合、模拟分量、Y/C、数字 SDI 等基于广播级的视频信号格式输入。

5.2　国外虚拟演播室介绍

虚拟演播室系统的设想于 1978 年由 Eugene L. 提出，并在 1988 年汉城奥运会的演播中得到使用。虚拟演播室从 1994 年在国际广播电视会议上第一次展示以来，便在世界各地得到迅猛推广和发展，目前全世界已经有 10 多个虚拟演播室品牌推向市场。

1993 年，美国的 Ultimatte 公司展示了他们的虚拟演播室系统。1994 年，在荷兰的 IBC 国际广播展览会上，德国 IMP 和 VAP 公司展出了虚拟演播室系统。1995 年的 IBC 展览会上，IMP 和 VAF、以色列的 ORAD 和 RT - SET 以及西班牙等五家公司展示了令人兴奋的虚拟演播室系统。1996 年，Accom 公司在 ELSET 基础上增加了背景生成模块、背景跟踪和可编程应用程序接口功能，推出了 2 路视频叠画、12 台摄像机动态切换的 ELSET Live 系统。在 1997 年的 NAB 上，美国 Evans & Suthreland 公司推出了 Mindset 虚拟演播室系统。这是首套基于 Windows NT 和实时图形工作站的系统。当前国际上虚拟演播室系统主要有美国的 Accom 公司的 ELSET 系统、美国 E&S 公司的 Mindset 系统和两家以色列公司 RT – Set 和 ORAD 的系统。国外虚拟演播室产品中傲威 ORAD 和 RT – Set 一直在国内宣传最广、用户最多，同时在技术上比较领先，应用上也比较完善。

5.2.1　印度 Monarch 无轨虚拟演播室系统

Monarch 无轨虚拟演播室系统来自世界软件大国印度的知名公司——Monarch Computers Pvt. Ltd.（印度君主计算机有限公司）。该系统是针对市场反馈，专为广播和专业应用设计的。

Monarch 无轨虚拟演播室系统，是真三维虚拟演播室，采用革命性的独特设计，无须传感器，采用独有的虚拟摄像机结构，使产品的安装、初始调试、使用极其方便，省却了烦琐的安装调试过程，真正做到随架随用、迅速快捷，一人即可实现多机位的节目演播操作工作，并且真实人像与实时渲染的三维虚拟背景同步运行。

Monarch 无轨虚拟演播室系统采用专业的基于 OPEN – GL 和 DirectX 三维图形平台的真三维图形系统，系统调用的虚拟场景是 3D Max 国际流行的三维建模软件创作的三维场景模型文件，具有真正的三维属性和场景景深，以及各物体在三维空间中的透视关系。该系统采用高品质的专用 3D 图形处理卡以及 Monarch 公司自主研发的高度优化实时 3D 场景渲染卡，使系统能够流畅地运行复杂的三维虚拟场景，保持前景和背景之间正确的透视关系，在视觉上更具有立体纵深感，更加真实。

1. Monarch **无轨虚拟演播室系统技术指标**

表 5 – 7　无轨虚拟演播室系统技术指标表

输入：
视频：
2 路视频输入：复合/S 视频
（2 部摄像机输入）
复合视频　CVBS – 1.0 Vp – p75 ohm – BNC
S 视频　Y/C 4 针迷你 DIN
分量视频　YUV/YPbPr –（BNC）
SMPTE 259M 串行数字接口 SDI（BNC）

（续上表）

音频：					
非平衡（RCA）立体声输入—2 个输入					
平衡（XLR）立体声输入—2 个输入					
输出：					
视频：					
复合视频（CVBS－1.0 Vp－p75 ohm－BNC）2					
分量视频 YUV/YPbPr－（BNC）					
S 视频 Y/C 4 针迷你 DIN　1					
DV（IEEE1394 火线接口）1					
SMPTE 259M 串行数字接口 SDI（BNC）2					
音频：					
非平衡（RCA）立体声输出—1 个输出					
平衡（XLR）立体声输出—1 个输出					
软件许可：					
Monarch 虚拟演播室系统					
Monarch 动作设计软件					
阴影与映像效果模块					
可读写 DVD					

2．Monarch 虚拟演播室系统的特点

（1）无轨系统。

传统虚拟系统是根据传感器信息进行大量计算后对场景进行移位，摄像机无法做到随心所欲的推拉。而 Monarch 系统因为无须传感器，在 3D 场景中可用软件运算，轻松实现摄像机的大幅度推拉、摇移及切换，甚至可模拟摇臂的效果，这是其他传感器虚拟系统所不能达到的。配合 3D 场景的设计，创作者可以自由发挥创意，制作出精彩新颖的节目。

图 5 - 10　Monarch 虚拟演播室系统制作节目效果图

（2）效果绚丽。

①支持多路虚拟大屏。可提供多个内容不同的大屏幕虚拟背景墙。电视墙的大小、形状、位置可以自由编辑。电视墙能以任意曲面方式开窗，可产生更虚幻的效果，具有更强的视觉冲击力和感染力，更加吸引观众。

②超大型虚拟场景。由于使用无传感器技术，只要合理设计 3D 场景，在全景机位中可以将镜头拉到极远，给人以强烈的视觉冲击感。而完成这么大的演播场景，所需的实际空间仅仅是一小块蓝布。

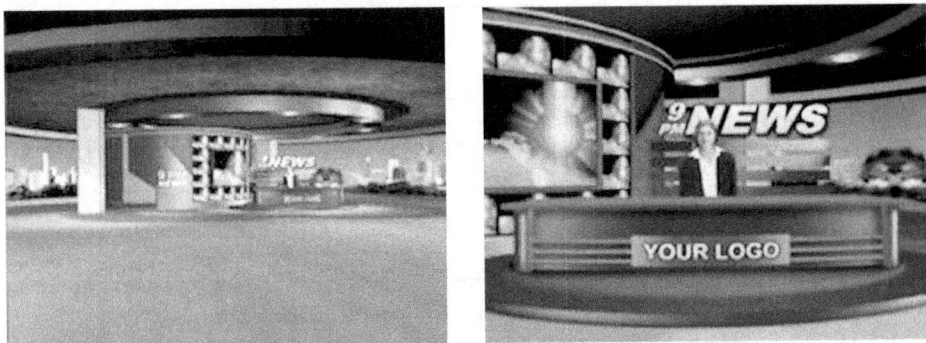

图 5 - 11　Monarch 虚拟演播室系统超大型虚拟场景

③高质渲染。Monarch 无轨虚拟直播系统具有强大的实时高清三维渲染能力，可进行高精度的 16X 反锯齿处理，采用最新的 AA 反锯齿处理，图像的渲染色彩为 32bit 真色彩，使虚拟场景的画面细腻真实，场景中的物体边缘及线条光滑无毛刺，画面精细、逼真。

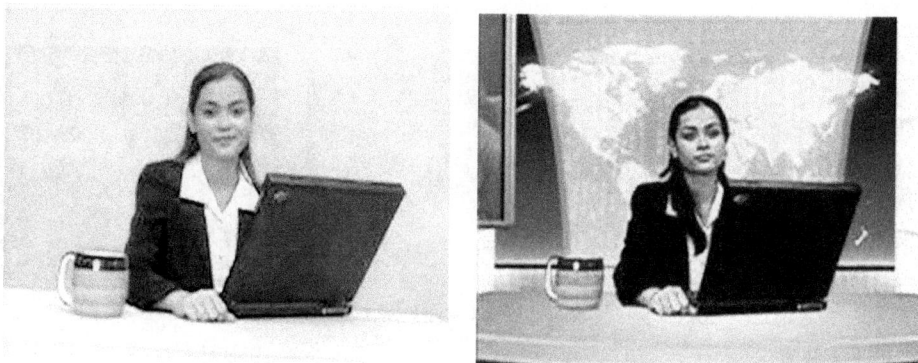

图 5-12 Monarch 虚拟演播室系统超三维渲染

④可升级的场景编辑器。场景编辑器具有强大的场景编辑功能，可添加各种灯光、运动贴图，增加场景特效，动画再编辑，并可实时将各类影视片段、图片等作为场景贴图添加。

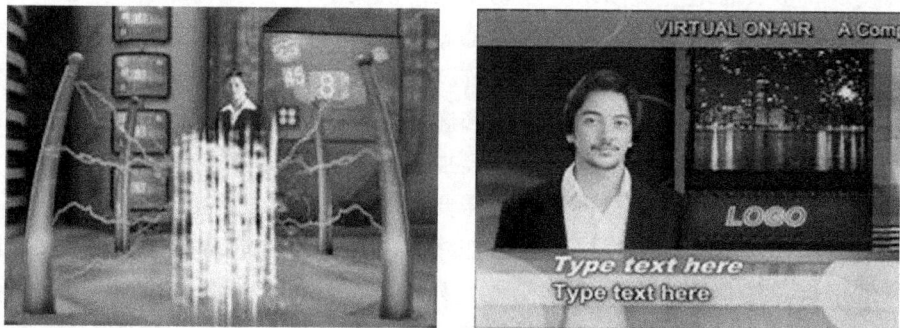

图 5-13 Monarch 虚拟演播室系统虚拟场景特技效果

（3）多通道、高精度色键抠像系统.

Monarch 无轨虚拟演播室系统，采用目前国际一流的高清色键抠像技术，可进行精细抠像，处理好头发丝、半透明物体、阴影等画面，使人或物体的边缘更加自然。系统配置了两路色键器，可同时分别对两路视频信号进行色键处理。并且，每路输入信号单独配置的色键器提供了两种不同级别的颜色设定，可有效去除背景上的阴影，无颜色溢出或空间影响，可将主持人很好地与虚拟背景结合在一起。每个色键器都拥有强大的色键参数，可对输入视频信号进行多方位的调整，在保证不移动真实摄像机的状态下实现前景主持人和虚拟背景的同步推拉、摇移及切换，制作出各种华丽的摇臂效果。

图 5 – 14　Monarch 虚拟演播室系统抠像过程图例

（4）独立的动作设计模块。

Monarch 无轨虚拟演播室系统，配置的动作设计模块是一款专为广播电视节目制作 2D 和 3D 实时动画及设计虚拟效果的工具。这一模块能使用户拥有更大的创作自由度，可在短时间内制作出 3D 现实演播室场景的复杂动作。

虚拟场景在 3D Max 中设计出来后，可连同纹理和位置一起导入系统的动作设计模块，被实时地呈现出来。在动作设计模块中可对场景加入标准定向、位置和点光来源，以增强虚拟场景的画面感。

动作设计模块具有强大的实时编辑功能。使用这一模块不再需要配置传感器，便可以轻松设计与建立虚拟动作和虚拟摄像机的位置。系统最多能够建立并驱动 8 个虚拟摄像机位置，还可对已经加载的三维场景中的摄像机位置及移动轨迹进行实时编辑，使用户根据节目的需要随时调整摄像机的位置和运动轨迹。这一功能可以模仿真实的摄像机动作，如缩放、平移、转向或带有清晰定义轨道的动作的组合。整个切换操作极其简便，只需要简单操作鼠标或快捷键便可实现。系统配有类似非线性编辑系统的时间轴，可建立多个关键帧并驱动这些动作。这些关键帧中的每一个都能在 3D 场景中被分配为一个虚拟摄像机的机位，而整个动画将保存为一个虚拟场景模板。在虚拟直播中可以将模板打开，并以非线性方式在虚拟场景中从任何位置移动到其他位置。

在动作设计模块中，用户可以方便地设置场景、动画、遮挡键、视频开窗、视频素材，在节目制作中可以在场景和各种特技效果间自由切换。

5.2.2　韩国达瑞 VS2000 虚拟演播室系统

韩国达瑞公司是全球一流的视频技术公司之一，该公司的高集成真三维虚拟制作演播系统（VS2000）在美国 NAB 中荣获 Pick Hit 大奖。VS2000 系统的特点在于：多机位、一体化真三维、强大的色键抠像功能、实时三维渲染及无轨迹摄像机动画效果。该系统采用虚拟摄像机技术，推、拉、摇、移的操作只需通过手柄轻松实现，彻底摆脱了传统传感器的束缚，安装操作简便。

1. 达瑞 VS2000 虚拟演播室系统技术指标

VS2000 虚拟演播室系统基于 OPEN – GL 图形渲染平台，采用基于硬件加速的三线性滤波和全场景反走样技术，实现大场景、精细化、32 位真彩色的动态阴影、全场景雾化、动态灯光、多路活动视频等任意组合的虚拟光效及特技效果的虚拟场景，可同时渲染五十万个三角形面片、四百多兆纹理贴图、几十路活动视频、八盏全部类型的灯光指数型光照模型，实现无与伦比的极致渲染。

2. 达瑞 VS2000 虚拟演播室系统主要性能优势

（1）VS2000 是无须轨迹传感的虚拟演播系统。VS2000 不需要昂贵的摄像机轨迹传感器来模拟虚拟摄像机的运动与变焦。它可使用无限多的虚拟摄像机，在三维场景中任意运动、变焦，而摄像机本身保持不动。这大大降低了安装要求及培训时间，十分适合中小型演播室。

（2）VS2000 使用独创的多通道软硬件结合的色键：VS2000 系列产品配有独创的实时抠像单元，品质优异，即使是家用 DV（S 端子连接）或背景、照明不理想也可照常工作。其先进的算法即使是对半透明、精细物质、烟雾或影子也可辨别。此外，它使用非常简便，那些复杂的抠像运算只通过一个 "Auto Key" 按钮即可实现。当然，系统也对高级使用者提供了各种参数供手动调节。

（3）VS2000 可渲染通用三维软件制作的场景。VS2000 是真三维系统，除兼容二维外，它可用通用的三维软件如 3D Max 及 Maya 制作出来的带有材质、虚拟灯光与摄像机、动画等三维场景。它的硬件渲染器功能非常强大，可实时把三维物件或动画渲染成全 D1 分辨率、32 位彩色的视频。

（4）VS2000 可直通实况或预录视频。当把视频与 3D 图像相混时，VS2000 可以把直通视频粘贴到虚拟场景中的物件表面。最多可支持两路实况直通视频及多路 AVI/MPEG 视频，全 D1 分辨率或低一些。Double-texturing 这一特定功能可做出诸如玻璃或水波纹等效果。

（5）VS2000 灵活性大、使用简便。一个操作人员，即使他接触时间不长，也可以轻松操作本系统。操作人员用键盘、鼠标和手柄既可执行预设的节目单，也可对其进行修改。

（6）VS2000 有很好的扩展性及升级前景。VS2000 有各种配件可供组合，如 3D DVE 功能和添加动画字幕、动画角色、电视墙等。

（7）VS2000 可与其他 A/V 录制/编辑设备集成。VS2000 任何的模拟或数字视音频输出都可与不同档次的 A/V 录制/编辑设备、特效、字幕、制作切换台集成，甚至可集成实时 MPEG 编码器进行压缩数字视音频的网络传输（含因特网）。

5.2.3 RT – Set 公司的 Larus 虚拟演播室系统

以色列的 RT – Set（实时合成娱乐技术公司）是一家给以色列空军做飞行模拟虚拟现实技术、军转民用产品的新公司，在虚拟演播室技术方面处于世界领先地位，可为实况转播、后期制作和其他电视节目制作提供高质量、全集成的虚拟演播室系统。其 Larus 虚拟演播室系统，可将标准的广播与视频制作演播室转变为虚拟演播室，已被中国中央电视台等全球数十家大型电视台使用。Larus 是虚拟演播室系统和实时变换的 SGI9mx 图形工作站上的高档产品。其跟踪系统在基座上统一安装了应用软件，而这个软件会根据这些参数控制三维虚拟场景在精密的光电旋转编码器和镜头上的特殊编码，且节目拍摄期间实时地更新，并按照演播室摄像器获取摄像机位置和镜头视角参数，使场景总是以正确的透视角度出现，快速通信单元计算和传输至作为虚拟场景产生。其显著的优点在于，摄像机运动不受限制；一个计算机装置控制和管理无限量的摄像机，而在控制室里连续显示集成的摄像机视图。

概括起来，Larus 虚拟演播室系统的主要特点如下：

（1）Larus 场景数据库支持目前流行的三维建模软件包，包括 Alias、Softimage、Wavefront、Multigen 和 3D Max 或 3DS Max。

（2）实况虚拟景物在物理或虚拟演播室布景中，任何部位都有可能相互遮挡。

（3）虚拟摄像机能在远距离实际演播室的地点漫游和"拍摄"。

（4）3D 声音效果能被激活并与动画或其他效果关联。

（5）由于允许摄像机在蓝色屏幕周界外拍摄，"虚拟蓝屏"延伸了演播室拍摄区域的边界。

（6）联机视频光标使演播室操作人员在制作期间任意布置地点都容易激活特殊事件和制作特技。

（7）外部节目系统（游戏、气象、体育记录等）和数据（选举结果、调查数据等）能集成人演播室。

（8）模板支持操作者、工程师和其他用户的高度交互。

（9）制作期间实况视频或音频无延迟。

（10）视频剪辑能在任意时刻插入任意目标。

（11）可选反馈系统与所有演播室摄像机一起操作。

（12）可选后备系统快速而精确地检测系统故障、确保平稳而不中断节目拍摄。

（13）允许虚拟和实际摄像机之间平滑而不被察觉地切换。

5.2.4 ORAD（傲威）公司的 Cyberset 虚拟演播室系统

ORAD 公司的产品特点是支持网格识别、机械跟踪、红外跟踪三种跟踪方式，并且可将三种跟踪方式混合在一个系统中，用户可以根据自己的需求，包括演播室的面积、摄像机是否运动及节目类型等因素来考虑跟踪方式的选择与搭配。

ORAD 公司的 Cyberset 虚拟演播室系统是目前全世界公认的最先进的系统，是当前唯一基于图案识别的虚拟布景系统，它的工作流程与 RT - Set 系统相似，但独特之处在于采用了该公司图案跟踪识别的专利技术，使主持人的实况视频信号能与图形工作站产生的三维场景无缝集成。利用电视图像信号本身来实时计算并获取摄像机移动参数，而不需采用在摄像机上安装光学—机械传感器来测量摄像机和镜头的参数，因此可在直接使用原有的演播室摄像机和装置单元的环境下，将主持人的实况电视图像信号与计算机产生的三维场景无缝地集成。该系统不会出现以传感器为基础的系统的摄像机安装方式、数据记忆头的设置、摄像机的自动控制以及相关的校准程序、预热时间或无效行程等问题，因此具有较高的稳定性和精确度，系统所需的维护工作也较少，这一显著特点使其产品具有很强的竞争力。

Cyberset 虚拟演播室系统主要特点如下：

（1）可借助目前流行的 3D 绘图软件实现三维场景的建模，对物体施加纹理，设计虚拟灯光及设计动画等，这样在实况制作前甚至制作期间，操作人员都能方便地创作或改变整个节目布景、物体模型、特技效果和动画。

（2）因该系统采用图像识别获取摄像机参数，因此通常的演播室摄像机和装置单元都可以得到应用。

（3）除了方向和变焦外，它还可以获取摄像机的位置参数，因此摄像机运动不受限制，可以用手持摄像机、座架式摄像机、遥控式摄像机甚至肩扛摄像机，不需要演播室安装方式，不需要数据记忆头或自动控制式摄像机，摄像师的例行操作并不改变。供 Cyberset 用的同一个演播室也可以用于常规演播室制作普通节目，从而节省了空间、时间和费用。

（4）不需专门的镜头校准。ORAD 的图像识别机器可以自动完成镜头像差的校准。不像其他系统那样对镜头种类有限制，而是可以使用各种形式的演播室摄像机镜头。

（5）Cyberset 应用独特的"像素级"深度键模块，能持续地将主持人置于虚拟领域的正确位置上。深度键允许在整个节目中虚拟物体、实际物体和主持人相互之间动态的前后阻挡，因而能产生真实现场的感觉。与采用"层次级"深度键的系统不同的是，在"像素级"深度键系统的虚拟场景中，物体的深度层次可达到256级，使实际物体与虚拟物体交互更紧密。主持人不仅能在物体之前或之后行走，还可以处于物体内部。

（6）应用实时摄取，能够从动画特性的角度集成虚拟演播室。通过共同的深度键，拍摄的主持人与实际的主持人产生交互作用。

（7）虚拟呈现功能。可于同一时间在两个地方实现虚拟呈现。从远地传送过来的实况可无缝地组合"本地"演播室，而远地主持人变成伪3D物体在本地布景中的一个组成部分。虚拟呈现能使远地演播室中的某人与虚拟场景中的主持人相互配合，而无须通过视频窗口。目前广泛用到的地方是，嘉宾主持人不必亲自到本地演播室参与节目制作，他们只需到最近的蓝背景演播室，便可以进行面对面的讨论。

（8）自动反馈/标志功能。蓝屏内的表演者根据标志可以知道自己的脚步暂时停留在什么位置，投影在演播室地板上的中心和运动虚拟物体的方向，让表演者知道所有虚拟物体在每一时刻位于何处。

（9）焦深效果。它为虚拟布景提供了更真实的外观，让远处的景物变得模糊，使生成的图像更符合实际。

（10）在虚拟场景中重建实际物体的影子，应用演播室地板上的反射面产生实际物体的倒影，使生成的图像更符合实际。

（11）在虚拟布景中插入任意数目的视频窗口，视频图像能够在任意物体上缠绕。

（12）满足摄像机参数识别所需的最小网格（2×2个相邻网格），为防止蓝背景模糊影响参数识别效果，摄像机不能推得太近或运动得太快。

5.3　实训与创作

上网下载并安装国内外真三维虚拟演播室软件，熟悉各种虚拟演播室的优缺点，从而加深对国内外虚拟演播室的发展历程和关键技术的理解。

【思考题】

1. 国内外虚拟演播室的发展历程。
2. 国内外虚拟演播室的关键技术。

6

虚拟演播室系统操作流程

　　本章主要从虚拟演播室系统连接、系统设备参数调整、编制节目播出列表、系统用户界面四个方面对虚拟演播室系统操作流程进行了介绍和说明，以实例为出发点，从实践的角度思考如何驾驭虚拟演播室系统。

【本章学习要点】

通过本章的学习，掌握虚拟演播室系统的操作方法，掌握虚拟演播室系统的连接方法、系统设备参数的调整、节目播出列表的编制以及用户界面的操作。

【本章内容结构】

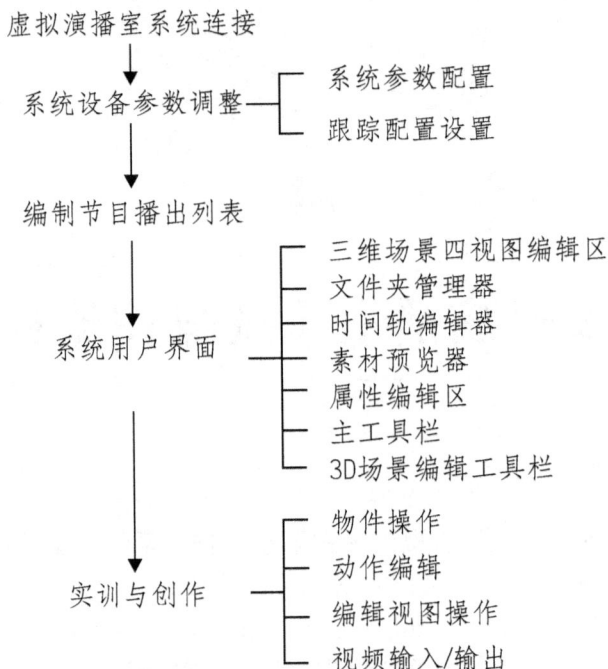

```
虚拟演播室系统连接
        ↓
系统设备参数调整 ─┬─ 系统参数配置
                 └─ 跟踪配置设置
        ↓
编制节目播出列表
        ↓                ┌─ 三维场景四视图编辑区
                         ├─ 文件夹管理器
                         ├─ 时间轨编辑器
系统用户界面 ─────────────┼─ 素材预览器
                         ├─ 属性编辑区
                         ├─ 主工具栏
                         └─ 3D场景编辑工具栏

                         ┌─ 物件操作
                         ├─ 动作编辑
实训与创作 ───────────────┼─ 编辑视图操作
                         └─ 视频输入/输出
```

6.1 虚拟演播室系统连接

虚拟演播室系统连接与各生产厂家的硬件和软件有关，下面以 Top3D Set 三维虚拟演播室系统为例进行介绍。

Top3D Set 是一套双机位两跟踪单通道的数字虚拟演播室系统，系统包括活动外视频输入、高性能的主机控制台、渲染机视频服务器、色键器、场景和掩膜生成器、摄像机控制和参数采集、多机位切换等，系统的结构如下图所示：

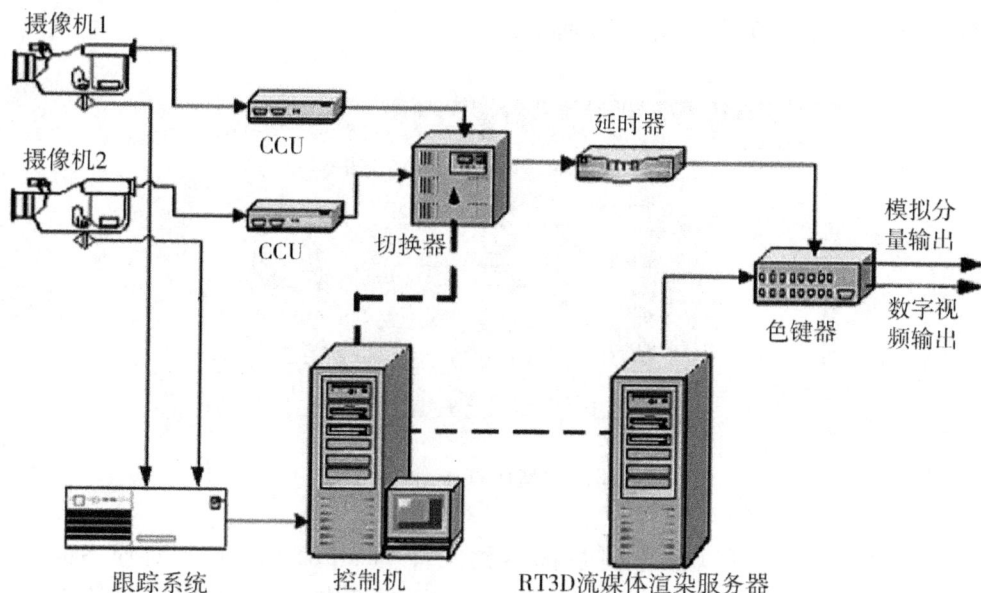

图 6 - 1 Top3D Set 双机位单通道虚拟演播室系统结构原理图

摄像机拾取包含蓝幕背景的前景信号，并将其送入虚拟演播室系统中的程控切换器，选择一路信号输出至延时器，然后送入色键器，与计算机输出的图形背景信号合成为虚拟演播室的最终合成信号。摄像机的各种参数（平摇、俯仰、推拉）信息通过传感器（跟踪系统）送入电脑进行数据分析，使输出的图形背景根据前景的变化作相应的透视变化，虚拟演播室的最终输出则可接入录像机或非编系统。从图 6 - 1 可见，此系统是一个典型的虚拟演播室录播系统。该系统主要用于节目的录制、学生小品的创作、访谈节目的创作以及虚拟背景制作的演示等。

6.2　系统设备参数调整

此系统设备参数调整同样以 Top3D Set 三维虚拟演播室系统为例进行介绍。

6.2.1　系统参数配置

调试包括摄像机镜头参数测定、切换、跟踪延时等。

启动虚拟演播系统后同时按住左 ctrl、右 ctrl 及 F12 键，或者在"输出控制"界面上左下角双击呼出"系统配置"窗口。调试界面主要有参数设置、切换延时两个页面，如图6-2、图6-3所示。

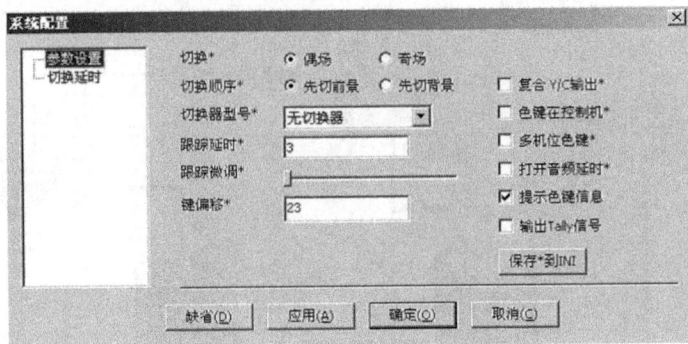

图6-2　系统配置—参数设置图

带*号的参数可以保存到系统参数文件 Smart3D Set. ini（对应 Smart3D Set. exe）、Top3D Set. ini（对应 Top3D Set. exe）文件中，系统每次启动将自动加载这些参数：

表6-1　系统启动加载参数列表

序号	名称	INI 文件中参数	取值范围
1	切换*	SwitchField	0 偶场切换 1 奇场切换
2	切换顺序*	SWFGFirst	1 先切换前景 0 先切换背景
3	切换器型号*	SWModel	0 表示无切换器 1 DM42 2 TCN8421 3 VAS88 4 SW402 如果没有此项则默认是 1 - DM42
4	跟踪延时*	TraceDelay	0～5 跟踪延时场数
5	跟踪微调*	TraceAdjust	0～100 场内微调跟踪延时，最小1%场
5	切换延时*	SwitchDelay	1～5 切换延时场数。与切换顺序配合使用

（续上表）

序号	名称	INI 文件中参数	取值范围
6	键偏移*	KeyDelay	仅用于 MagiX 卡做输出且色键不是 Smart-Matte，色键键信号偏移 0~255，一般为 23。
7	色键在控制机	CKAtCtrl	仅用于 SmartMatte 色键 1 色键通讯线连接在渲染机 0 色键通讯线连接在控制机
8	多机位色键	MulCamMatte	仅用于 SmartMaRe 色键 1 多个摄像机分别设置色键参数 0 使用统一参数
9	复合 Y/C 输出*	OutComposite	分量视频输出接 n 线输出复合/YC 信号
10	打开音频延时*	AudioDelayEn – able	允许音频延时模块
11	输出 Tally 信号	Out Tally	允许输出 tally 信号

设置完后点击"保存到 INI"按钮，保存参数。否则下次启动虚拟系统时，参数仍为原来的默认值。

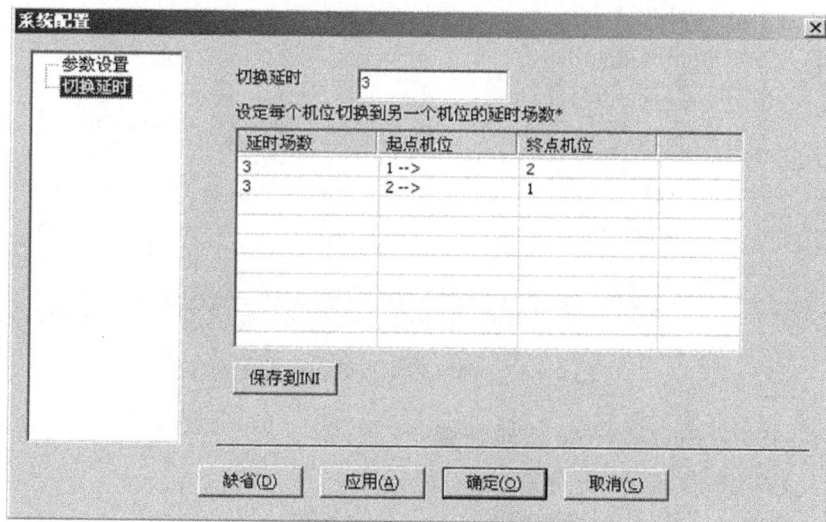

图 6-3　系统配置—切换延时图

表6-2　切换延时参数列表

序号	名称	INI 文件中参数	取值范围
1	切换延时	SwitchDelay	1~15 切换延时场数。一般为3
2		SwitchDelay13 SwitchDelay23 …	机位 1 切换剑机位 3 的延时场数 机位 2 切换剑机位 3 的延时场数 其他以此类推

以上选项用来设置不同机位之间切换的延时场数。设置完后点击"保存到INI"按钮保存参数。

6.2.2　跟踪配置设置

CameraConfig. exe 是跟踪配置软件，主要用来配置跟踪参数和测量镜头张角。

1. 主界面

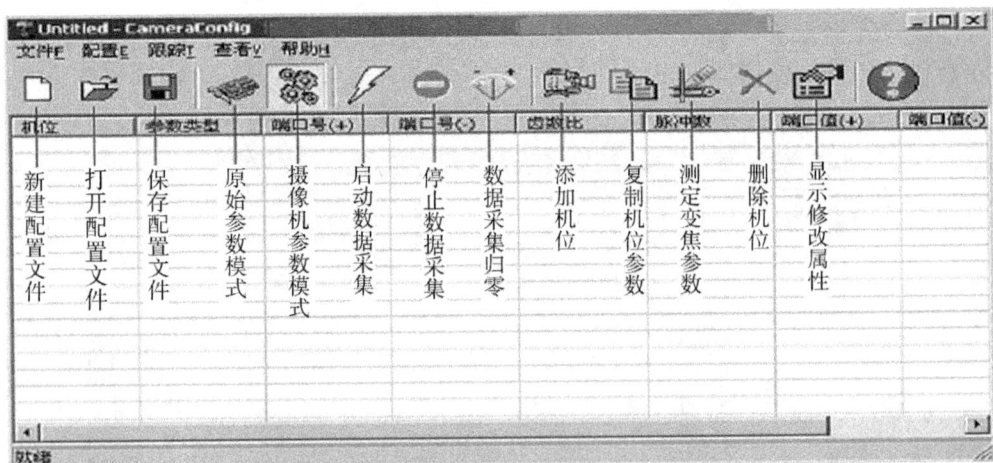

图6-4　CameraConfig 软件界面图

2. Top3D Set/Smart3D Set 跟踪设置

（1）虚拟演播室软件中跟踪的设置。

在主菜单设置跟踪界面设置移动机位补偿系数。

（2）参数解释。

优化三维版（Smart3D Set）。

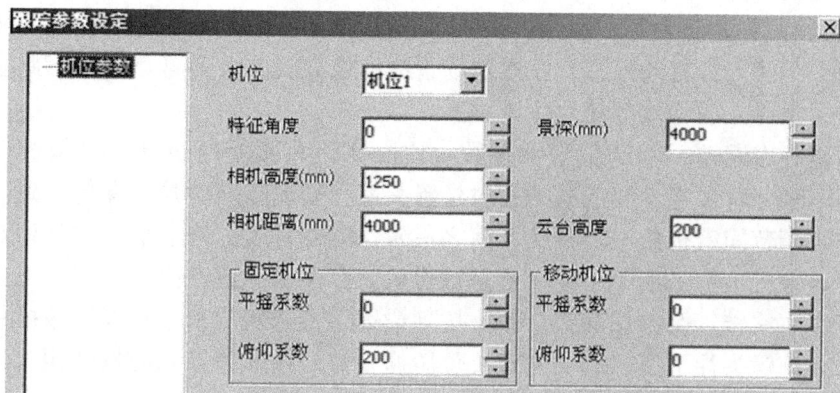

图 6-5 优化三维版（Smart3D Set）跟踪参数设定

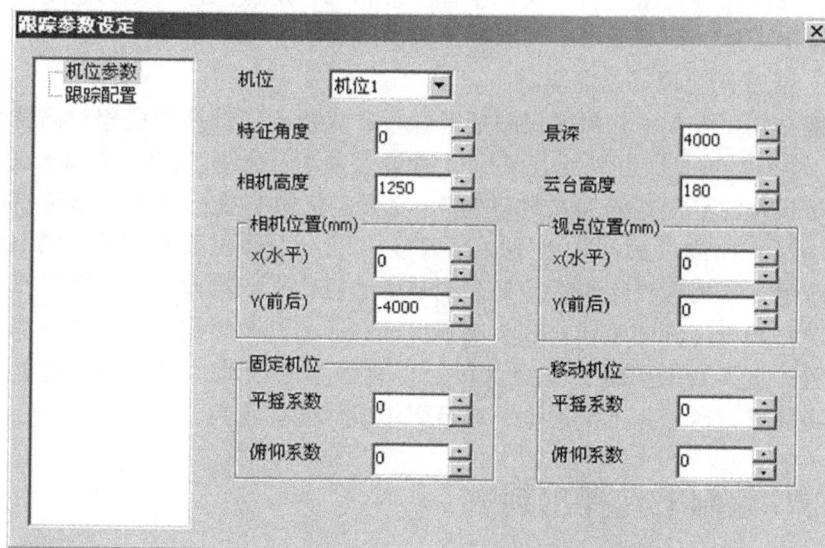

图 6-6 真三维版（Top3D Set）跟踪参数设计

（3）固定机位跟踪设定步骤。

固定机位前首先要调整摄像机的误差，而误差可分为静态误差和动态误差。静态误差就是摄像机静止时虚拟场景和前景的相对位置关系。动态误差就是摄像机运动过程中虚拟场景和前景的相对位置关系。必须先调静态误差，然后调动态误差。调整时要保证镜头张角参数与人物关系是匹配的：①把固定机位的平摇、俯仰系数设为 0；②设定机位高度；③设定摄像机的位置和视点（一般用默认值即可）；④镜头拉到最远，摄像机放水平，使前景（主持人或物体）位于摄像机图像的正中间；⑤启动跟踪，在虚拟场景中的地面找一个参考点，记下此参考点和前景中主持人或物体的相对位置关系。

调整静态误差：①调整平摇系数，让摄像机只做平摇运动：摄像机摇到左边，停下来，看参考点和前景的相对位置关系与启动跟踪时是否保持一致。如果不一致，调节固定机位平摇系数，使之一致。摇到右边，停下来，此时相对位置关系应该保持不变。如不一致可能是摄像机云台不水平或者摄像机安装不正导致镜头有左右滚转；②俯仰系数，镜头拉到最远，摄像机放水平；③摄像机只做上下运动，把镜头往下压，调节固定机位俯仰系数，使参考点和前景的相对位置关系与启动跟踪时保持一致。

静态误差调好后，就可以进行动态误差的调整：①镜头拉到最远；②摄像机放水平；③摄像机匀速左右平摇；④看前景和背景是否保持一致的速度，如果前后景速度不一致，则调整跟踪延时和跟踪微调参数。

（4）摇臂移动跟踪设定步骤。

摇臂必须要放水平，摄像机跟摇臂在一条直线上（即摄像机相对摇臂不要有平摇），镜头拉到大广角位置，摄像机镜头必须处于水平状态，具体步骤如下：①把固定机位的平摇、俯仰系数设为 0；②设定机位高度；③设定摄像机的前后距离；④镜头拉到最远，放水平，摇臂放水平，摄像机跟摇臂在一条直线上；⑤启动跟踪；⑥摇臂只做水平运动，调节移动机位平摇系数；⑦摇臂只作上下运动，调节移动机位俯仰系数；⑧移动跟踪调好后，再调固定机位跟踪，摇臂放回初始位置，重新启动跟踪；⑨摄像机云台只做水平运动，调节固定机位平摇系数；⑩摄像机云台只做上下运动，调节固定机位俯仰系数。

6.3　编制节目播出列表

节目播出列表是用户利用 Top3D Set 虚拟演播室系统的功能创作的一个集场景、物件和播出列表为一体的播放计划的总称。运行系统后，在系统的素材库中调用合适的场景模型，添加到四视图编辑区中。接着在素材库中选择大屏幕和特效物件，添加到时轨编辑窗体，适当地修改物件和动作的属性使之符合节目创意要求。最后保存为一个虚拟演播室节目表。节目表具体编辑步骤参照后面的操作说明。

6.4 系统用户界面

Top3D Set 系统软件界面为"所见即所得"的交互式图形用户界面。Top3D Set 系统引入了基于时间线的编辑方式，这使系统对物件动画的编辑变得像非线性系统中故事板编辑一样简洁明了，极大地方便了节目制作，使制作工作变得轻松自如。

系统主界面如下图所示：

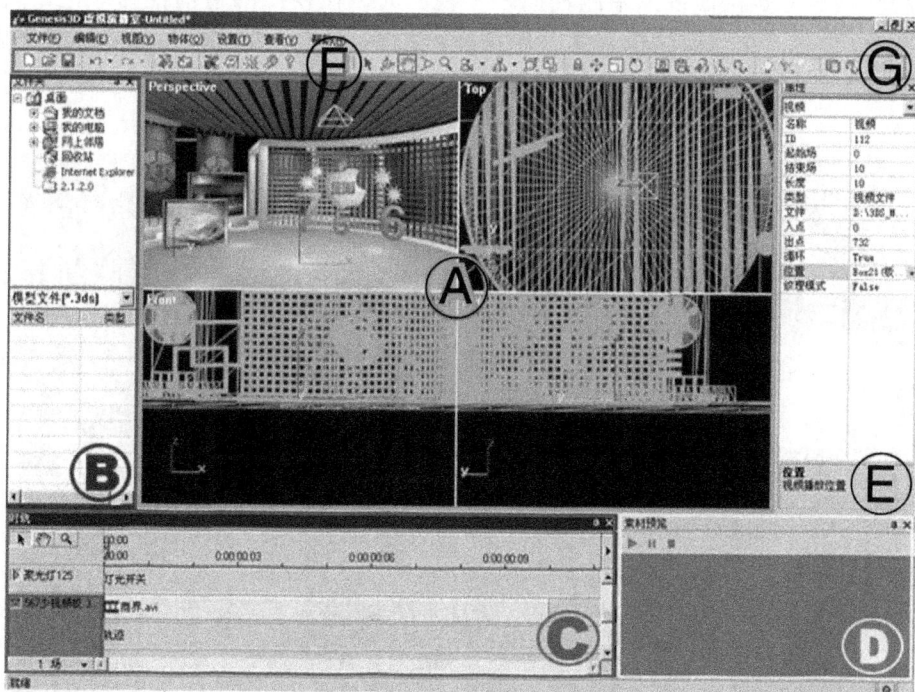

图 6-7　系统主界面

A：三维场景四视图编辑区

B：文件夹管理器

C：时间轨迹编辑器

D：素材预览器

E：属性编辑区

F：工具栏

G：编辑工具栏

Top3D Set 系统软件的整个操作过程就是一个电视节目的制作过程。在"素材库"中找到需要的场景、大屏幕、视频文件等素材，编辑各物件的动作，形成一个动作列表，调整机位控制，接通跟踪系统，控制外键，播出动作列表，配合系统外围硬件设备就可以进行节目的录制了。

6.4.1　三维场景四视图编辑区

在系统主界面中的 A 区为 Top3D Set 系统的三维场景四视图编辑区（见图 6-7）。当鼠标点击四视图中的任何一个视图时，该视图的边框变为绿色，表示该视图被激活，是当前编辑视图，用户就可以在当前编辑视图进行节目制作了。如图 6-8 所示。

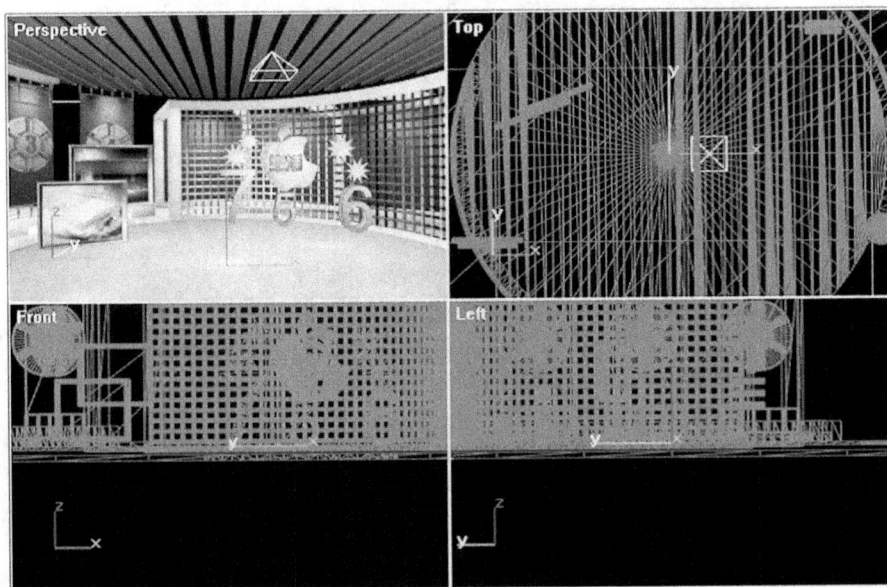

图 6-8　三维场景四视图编辑区界面图

有些时候为了获得更大的视图编辑区域（见图 6-9），我们可以通过选择主界面图中的 G 区域中的"最大化/最小化视图"（见图 6-10）按钮来实现，也可以通过选择各个区域的 Auto Hide "自动隐藏"按钮来实现。

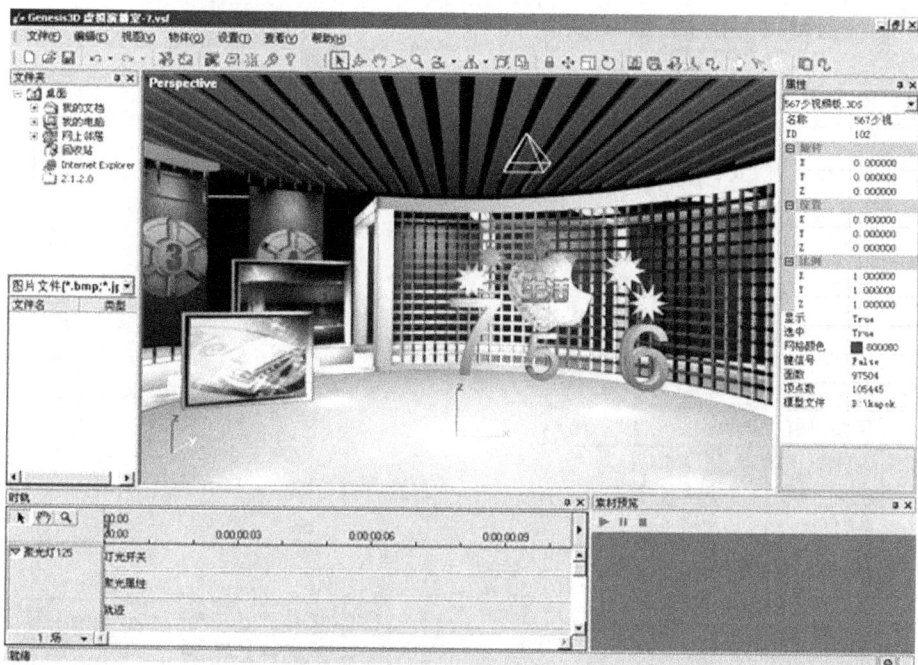

图 6 - 9　更大的视图编辑区

图 6 - 10　最大化/最小化视图

6.4.2　文件夹管理器

　　Top3D Set 系统的文件夹管理器采用标准的 Windows 资源管理器的模式设计，简洁明了，操作方便，更易于对节目素材进行分类和管理，使节目的编辑工作变得更加快捷。如图 6 - 11 所示，从文件夹管理器中就可以很方便地找到存放的节目素材（见图 6 - 12），鼠标左键选择相应的文件，拖到视图区中添加就可以了。

图 6 - 11　文件夹管理器

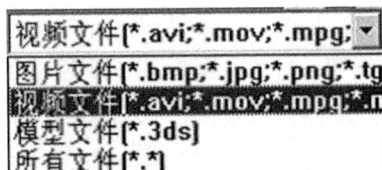

图 6 - 12　在文件夹管理器中选取不同类型的节目素材

6.4.3　时间轨迹编辑器

　　系统主界面的 C 区"时间轨迹编辑器"（以下简称"时轨"）是一个可以拖动调节的动作编辑器（见图 6 - 7）。用鼠标在时轨编辑器的空白轨道上点击右键，出现快捷菜单，然后选择"添加动作"命令，就可以添加动作。将每个物件的每一类动作放置于一条单独的时轨上，以不同的颜色和名称区别。同一物件的不同动作可以同时发生，不同物件的相同动作可以同时发生，在上面可以随意拖放、移动、删除物件，还能改变动作的时间长度（见图 6 - 13）。

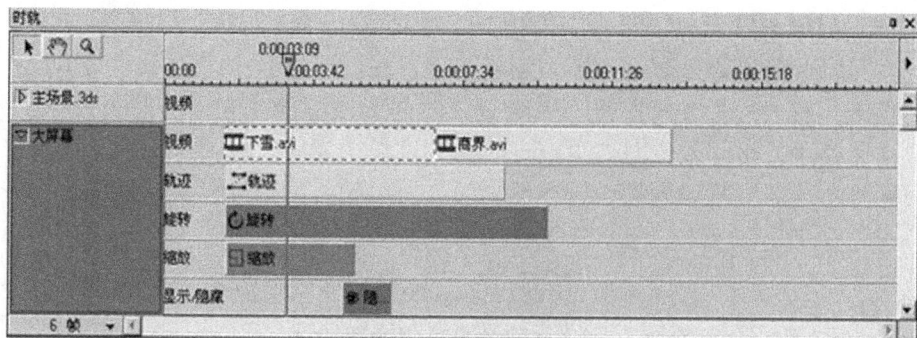

图 6-13 时轨示意图

（1）物体的动作说明。

①视频：控制物体上的视频播放。

用来在 3D 模型上播放视频，当动作长度大于视频文件长度时，则循环播放视频文件。如果视频文件有 Alpha 通道，将被忽略。如果当前时刻没有任何视频动作，则播放内容为物体的初始内容。

②轨迹：控制物体的移动轨迹，可以指定轨迹线或不指定。

A. 指定轨迹线时，从该轨迹线中获取空间坐标、旋转姿态和缩放参数模型物体的空间状态参数。

B. 未指定轨迹线时，将该动作的 (x, y, z) 属性作为从动作终止时刻点模型物体的位置参数，动作开始时刻至终止时刻之间的 (x, y, z) 值将采用线性插值方法计算，插值方法和虚拟摄像机轨迹动作未指定轨迹线时相同。如果当前时刻没有任何轨迹动作，则模型位置保持不变。

③旋转：旋转用于设定物体的旋转姿态参数。只在当前时刻无未关联轨迹线的轨迹动作时才起作用。计算方法与插值方法和虚拟摄像机轨迹动作未指定轨迹线时类似。如果当前时刻没有任何旋转动作，且无已关联轨迹线的轨迹动作则模型旋转姿态保持不变。

④缩放：控制物体的大小。缩放用于设定物体的缩放参数。如果当前时刻没有任何缩放动作，且无已关联轨迹线的轨迹动作则模型缩放系数保持不变。

⑤显示/隐藏：控制物体的显示或隐藏。如果当前时刻没有任何显/隐动作，则物体的显隐属性不变。

⑥淡入/淡出：控制特效物体的透明状态。透明状态值为 0~255，黑的数值是 0，白的是 255，0~255 是透明区域。

（2）时间刻度设置。

时间轨迹编辑器以时间刻度为编辑基础，在左下角有一个表示时间单位的数字，点击其右边的小方块按钮，出现一个时间刻度单位菜单（见图6-14）。当整个动作列表的时间较长时，可以把时间刻度设得大些，以便于编辑；当动作列表时间较短，需要精确到帧以进行编辑时，可以把时间刻度设得小些。

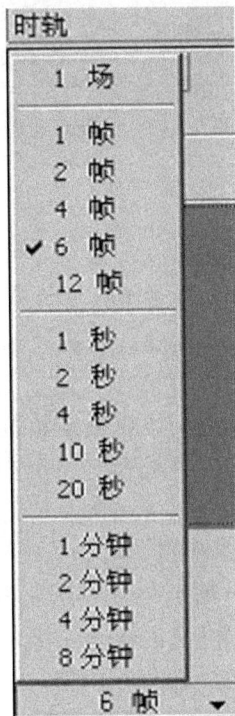

图6-14　时间刻度单位菜单

（3）物体与动作的关系。

在三维场景中存在的所有对象都可以被看作一个物体进行编辑。例如，场景中的大屏幕是一个物体，游来游去的鱼是一个物体，甚至主场景都可以看作是一个物体。动作是指每个物体所包含的属性。一个物体可以有多个动作，并且同一物件的不同类型的动作可以同时发生；不同物件的相同类型的动作可以同时发生，可以随意拖放、移动、删除物体。

在时轨上左键点击要编辑的物体，当该物体变成深灰色时就表示该物体被激活，可以对该物体进行编辑（见图6-15）。

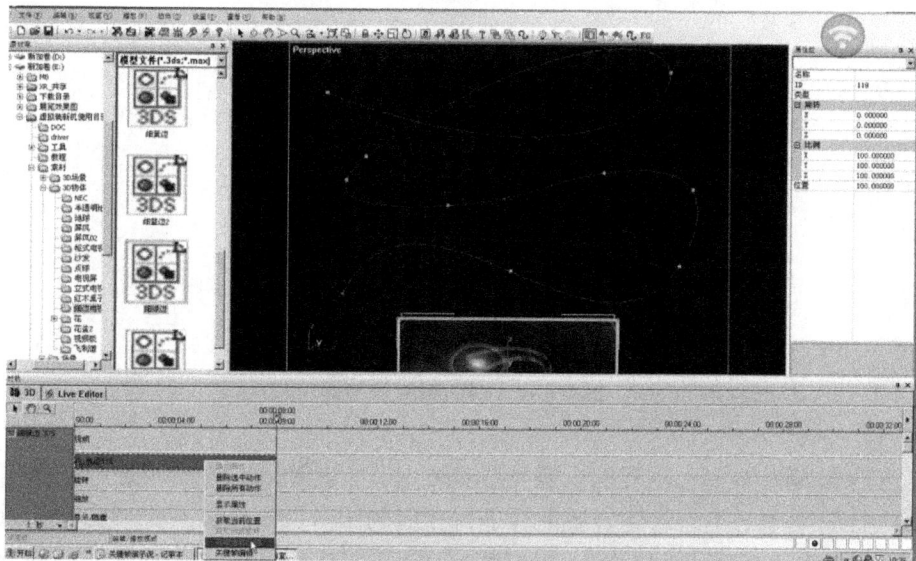

图 6 - 15 对物体或事件进行编辑

（4）动作说明。

在时间轨迹编辑器上须用不同名称标识某一类型的动作序列。每个动作有起始时刻和终止时刻，表示该物件在此时间段内的某种状态。多个动作按时间先后顺序排放就形成了一个动作列表。动作列表操作原则如下：

①播出过程中，不能进行动作添加、删除或者属性修改。

②只有存在物件时（如大屏幕或特效等），才能添加动作。

③删除某个物件时，则与之相关联的动作也删除。

在每个动作轨道上的任意位置单击鼠标右键，都会弹出一个菜单。其中"添加动作"是表示在当前物体中添加动作，根据节目需要可以添加一个或多个动作；"删除选中动作"表示删除当前物体中选中的动作；"删除所有动作"表示删除所有物体中的动作；"删除选中物体"表示删除当前物体；"删除所有物体"表示删除三维场景中的所有物体；"显示属性"表示显示选中物体或动作的属性，就可以在属性编辑窗体中进行动作属性的相应更改。当选中某个动作后，用鼠标左键进行拖放操作，可以将该动作置于同轨其他动作的前面或后面，该动作的起始、终止时刻自动更新。鼠标停靠在当前选中动作的两边，出现 ⊞ 符号，按下鼠标左键左右拖动可以改变动作长度。在时轨编辑器中我们可以看到如图 6 - 16 所示的工具，这是时轨编辑线游标，简称"游标"，利用游标可以很方便地进行精确编辑和预览。

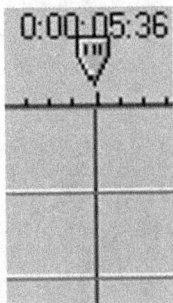

图 6 - 16   时轨编辑线游标

在时轨编辑器中，还有三个操作控制按钮▶ ✋ 🔍 。▶ 叫选择按钮，是用来选择时轨中的不同物体，激活后进行相应的编辑。当物体中添加的动作过多或过长，超出当前屏幕的时候，我们就可以用✋移动按钮来左右移动，进行观察和编辑。当我们进行编辑时，需要较大的或较小的帧或场时，就可以用🔍缩放按钮来实现，单击鼠标左键是缩小，按住 Ctrl 键的同时再单击鼠标左键是放大，作用与时间刻度菜单是一样的。

在时轨编辑器中最右侧有一个向右的箭头，点击之后会展开一个菜单 ▶ [折叠全部 展开全部] 。"折叠全部"表示将时轨中所有的物体都折叠，"展开全部"表示将时轨中所有的物体都展开。无论折叠还是展开都是为了方便编辑，可以根据需要选择使用。

6.4.4   素材预览器

Top3D Set 三维虚拟演播室系统充分体现了以人为本、方便快捷的设计理念。系统主界面图（见图 6 - 7）中的 D 区叫素材预览器，从文件夹管理器中左键选中要预览的图片或视频文件，拖到素材预览区即可以很方便地对要编辑的节目素材进行预览，减少节目制作步骤，提高工作效率。如果要预览的节目素材是视频文件，还可以进行播放、暂停、停止等操作，如图 6 - 17 所示。

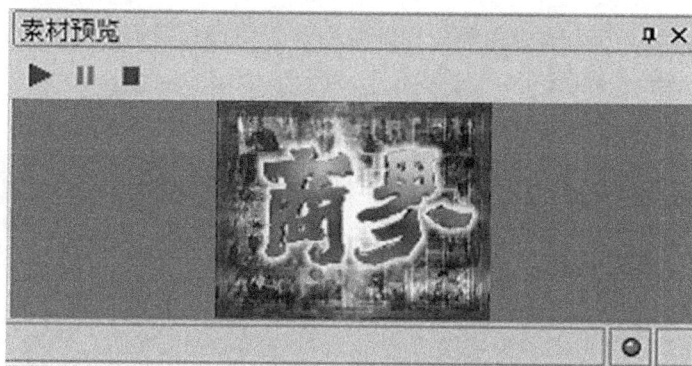

图 6 - 17 素材预览器

6.4.5 属性编辑区

Top3D Set 真三维虚拟演播室系统的属性编辑区如图 6 – 18 所示。场景中的所有物体和动作的属性都可以在这里利用鼠标滑移进行所见即所得的直观编辑，也可以利用数字输入进行精确编辑，得到最理想的场景效果。用鼠标右键单击相应的名称，就可以将数值恢复为初始值。

图 6 – 18 属性编辑区

6.4.6 主工具栏

(1) 新建按钮：新建一个空白节目表。

(2) 打开按钮：打开一个保存过或编辑好的节目文档。

(3) 保存按钮：将编辑完成的节目文档保存。

(4) 撤销按钮：撤销上一步操作。

(5) 重新执行按钮：重新执行撤销前的操作。

(6) 删除物体按钮：删除选中的物体。

(7) 删除动作按钮：删除选中的动作。

(8) 编辑/播放按钮：切换编辑或播放模式按钮。

(9) 选项按钮：点击后弹出一个"选项"对话框如图 6 – 19。

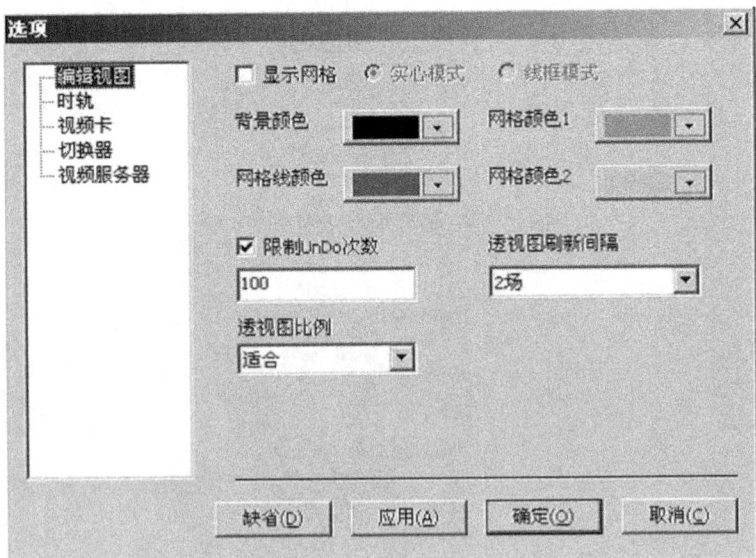

图 6 – 19　选项对话框

①编辑视图：在编辑视图选项卡中的"显示网格"是表示四视图编辑区是

146

否显示网格，如果选中显示网格项，则有实心模式或线框模式两种模式可以选择，否则这两项将不可选。还可以对场景的背景颜色、网格颜色、网格线颜色进行相应的设置。显示网格的作用是为了在三维场景中精确定位各个物体的位置以方便节目制作。

限制 UnDo 次数：选择此功能时，可以设置 UnDo 最大有效次数，从而节省内存使用。如果不限制，则 UnDo 次数不限制。

透视图刷新间隔：较长的间隔将会提高系统在编辑时的响应能力，尤其是在模型比较大的时候。

透视图比例有"可选"、"适合"、"4：3"、"5：4"，主要用来设置透视图的长宽比例。

②时轨：可根据个人的喜好设置时轨显示的相应颜色。如下图所示：

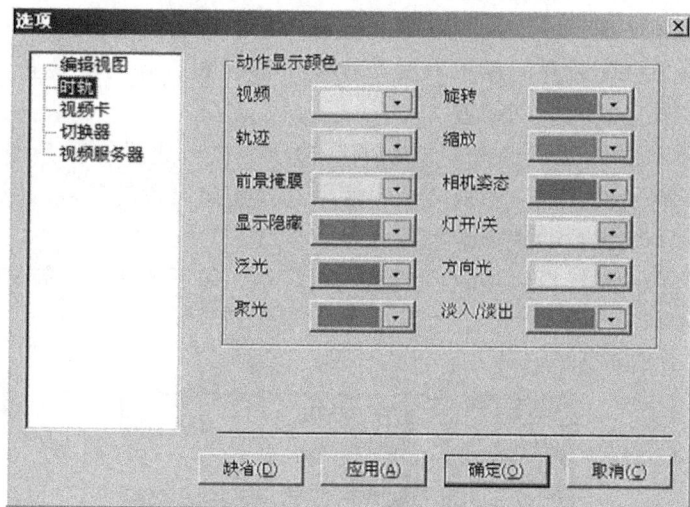

图 6 – 20　时轨设置对话框

③视频卡：设置"视频卡"、"锁相信号"、"视频输入/输出"的相应参数。如图 6 – 21 所示。

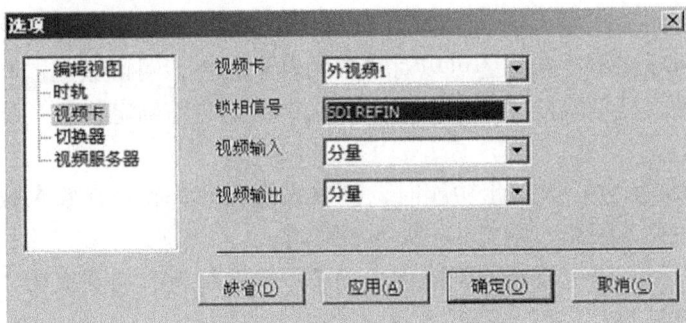

图 6 - 21　视频卡属性对话框

　　视频卡在系统中的作用是控制视频同步。提供锁相信号或从外部接收锁相信号，从而达到外部视频设备与计算机视频的同步。外视频接入提供虚拟视频墙播放的外视频信号。虚拟场景视频输出即色键器的背景视频输入。

　　当有两路外视频时界面显示有两个视频卡供设置，每一个视频卡的锁相源、输入和输出信号格式要分别设置。

　　在"选项"对话框里选择"视频卡"选项，在右边显示视频卡参数设置窗口。首先选择需要设置参数的视频卡，然后选择需要设置的参数。系统每次启动会自动默认上一次设置的视频卡参数为当前参数 。

　　◆锁相信号：系统可以接收或产生锁相信号。如下图所示，锁相信号有三个来源。

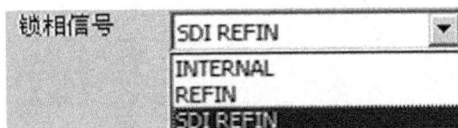

图 6 - 22　锁相信号

　　INTERNAL（内部）：由视频卡产生锁相信号。

　　REFIN（外部）：由外部设备产生锁相信号。

　　SDIREFIN：数字锁相信号。

　　◆视频输入：

　　本系统可以接收的外视频信号格式有：分量、复合、SDI、S – Video。

　　◆视频输出：本系统可以输出分量、复合或 SDI 格式的视频信号（根据系统配置而定）。

148

④切换器：应根据通信协议设置切换器的"通信口"、"停止位"、"波特率"、"校验位"、"数据位"的相应参数。

完成切换器的参数设置后，点击"应用"按钮，将参数保存为切换器的当前参数。点击"取消"按钮，设置参数将不起作用。

⑤视频服务器：输入"服务器名"、"用户名"、"密码"用来确定视频服务器的位置。

（10）▒场景设置按钮：点击该按钮弹出一个对话框（见图6 – 23），可以对场景的参数进行修改。

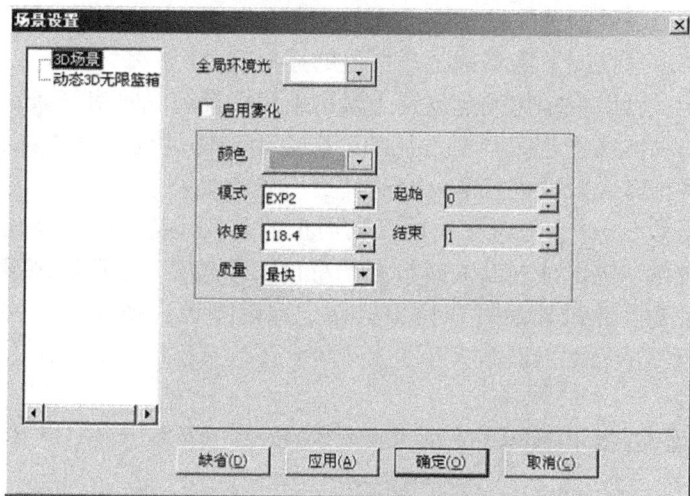

图6 – 23　场景设置菜单

在真实的世界中，大气不是完全透明的，当光线穿过空气时，光线中的颜色分量部分或全部在大气中被吸收。换言之，观察的物体距我们越远，这个物体看起来就越模糊。在系统中可以使用雾化操作来模拟这种大气效果，我们可以把雾化看成是影响远处物体视觉效果的一种过滤器，通过选择雾化值、颜色、浓度等参数可以获得不同的雾化效果，这在某些节目中是很有用的。

当"启用雾化"被选择后，场景内就会出现雾化的效果，系统可以采用多种方式应用雾化，例如，在"模式"下拉菜单中有三个可选值。分别表示选择三种不同的雾化因子。EXP 和 EXP2 确定被雾化的像素颜色。EXP 表示缺省值，EXP2 比 EXP 有更强的雾化效果，对数据进行了更细致的处理。LIN-

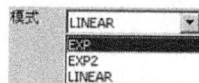

ERA 是根据所雾化的区域的大小进行雾化，这可以让操作员对雾化有更大的控制范围，准确地指定场景中雾化开始和结束的地方。只有在选择 LINEAR 的模式雾化时，才可以设置雾化的起始点和终止点，但是不可以设置浓度。在 EXP 和 EXP2 下设置起始点和终止点是无效的，但是可以设置浓度。

在这里需要说明的是，雾化的起始点和终止点之间的差别越大，则在场景中对物体的雾化效果越小。例如，如果设置雾化起始点为 0.0，终止点为 5.0，那么在这个区域内的物体将会有很强的雾化效果。但是，如果将终止点移动到 20.0 那么就会大大减弱雾化效果，因为雾化浓度逐渐拉伸到远处。

设置雾化的颜色：当点击"颜色"下拉菜单时，会弹出颜色对话框，可以根据需要选择相应的颜色。注意，雾化的颜色会对场景中最终的显示颜色有很大的影响。在大多数情况下需要的都是白色的雾化颜色。

有些时候，可以将雾化颜色设置为黑色来模拟夜晚或暗房场景，在这样的场景中，远处的物体几乎是完全不可见的。视点距物体越近，物体看起来越清晰，配合系统的各种灯光效果进行雾化会达到更理想的效果。

如果需要动态 3D 无限蓝箱功能，则需把"启用动态 3D 无限蓝箱功能"选上，然后针对各个机位分别设置蓝箱上下左右边界宽度、过渡区宽度、起止点浓度等参数。蓝箱参数设置最好在摄像机接通跟踪系统、镜头处于大广角位置时设定。

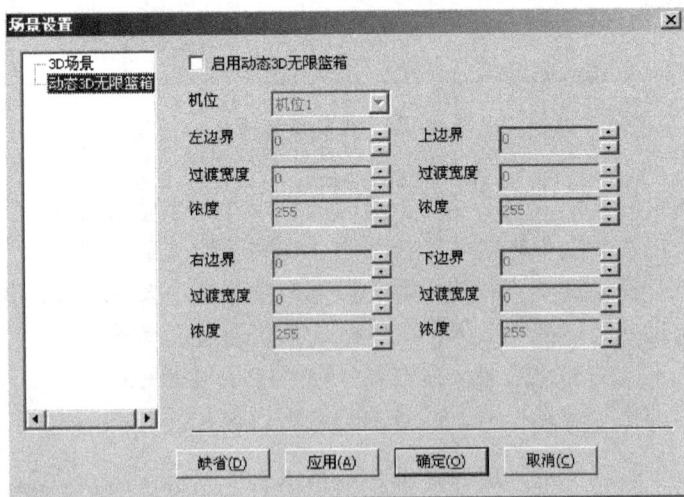

图 6－24　动态 3D 无限蓝箱设置

（11）![控制台按钮图标]控制台按钮：点击该按钮弹出"输出控制"对话框（见图6-25）。

图6-25　输出控制对话框

①机位切换：可以对节目输出的机位进行切换。机位是指虚拟演播室系统中的对应某一台真实摄像机的虚拟视频输出。在选择某个机位时，系统通过切换器选择其对应的真实摄像机拍摄的前景，并将此真实摄像机的参数应用于虚拟摄像机，前景和虚拟摄像机同时改变，色键器的合成视频输出就是此机位最终合成视频输出（前景＋虚拟场景）。

![机位按钮图标]机位按钮：从左至右表示1～3号机位，通过点击相应的按钮选择输出机位。

![虚拟摄像机按钮图标]虚拟摄像机按钮：此按钮必须在添加虚拟摄像机物件后才能使用。点击时系统输出将切换到虚拟摄像机上，可以按事先编辑好的摄像机运动轨迹实现场景的浏览。处于虚拟摄像机模式时跟踪功能无效。

![跟踪按钮图标]跟踪按钮：Top3D Set系统实时采集真实摄像机的推拉、平摇和俯仰状态参数，使场景中的虚拟摄像机和真实摄像机一同变化，保证前景和背景之间的正确透视关系。如果用户不想跟随真实摄像机的参数变化，只需断开系统的跟踪系统。

需要注意的是，如果要得到精确的跟踪效果，摄像机云台必须水平，摄像机必须水平放置。接通跟踪系统前，必须把真实摄像机变焦到广角镜头的位置。

鼠标左键点击"跟踪按钮"可以控制接通或断开跟踪。按下按钮表示跟踪系统处于接通跟踪状态，弹起按钮表示系统为断开状态。

②输出：选择虚拟背景的输出内容。只有在有渲染机连接时，"外视频1"、"外视频2"单项钮才可选，否则为灰（根据系统配置可用的外视频数目可能为0～2个）。选择3D场景时，背景输出编辑好的场景内容。选择外视频时，背景

输出则是系统采集的实时外部视频，此时虚拟场景将不输出。

③键信号（掩膜信号、遮挡信号）。要想实现场景物体与主持人之间的遮挡效果，必须选上"使用键"，同时必须打开色键的外部键输入功能。打开键功能后，在物体的属性里设置"键信号"为 TRUE，就可实现遮挡效果。

"自动深度"就是根据真实摄像机到虚拟物体的距离和真实摄像机到主持人的距离来实现物件键信号的自动开关。摄像机到主持人的距离在机位的属性栏里设置，缺省为 4000（4 米）。

④播放： 表示编辑/播放模式切换按钮。按下时处于播放状态，弹起时为编辑状态。

（12） 关于按钮：显示 Top3D Set 虚拟演播室系统的版权信息。

6.4.7　3D 场景编辑工具栏

①普通按钮：普通选择工具。

②绕场景转动按钮：可以绕 x 轴、y 轴或 z 轴 360 度进行旋转。

③平行按钮：上下或左右平行移动当前编辑视角。

④改变视场张角按钮：扩大或缩小当前编辑视角。

⑤缩放按钮：推近或拉远当前视角，达到放大或缩小场景的效果。

⑥恢复当前视角缺省值按钮：当进行场景编辑的时候，如果需要重新调整视角，可以点击该按钮，恢复初始视图。

⑦显示真实摄像机视角按钮：点击该按钮弹出一个下拉菜单。

机位1
机位2
机位3　　根据系统配置可以有 1～3 个机位供选择。在编辑节目的时候可以选择不同的机位来查看从真实机位视角看到的场景效果。如果想改变真实机位的属性，在属性编辑区里的下拉菜单中选择要修改的机位。

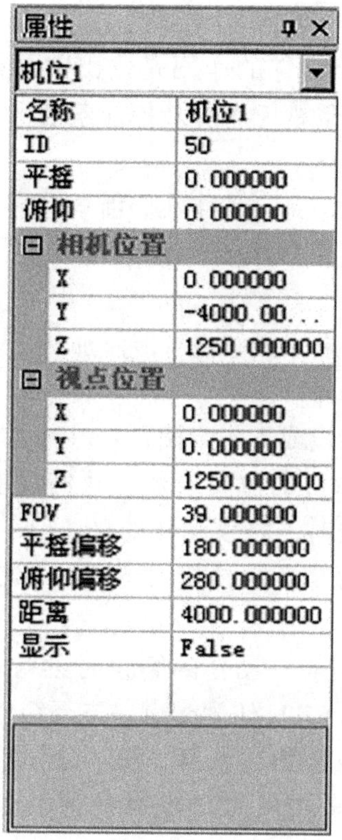

属性	中 ×
机位1	▼
名称	机位1
ID	50
平摇	0.000000
俯仰	0.000000
⊟ 相机位置	
X	0.000000
Y	-4000.00...
Z	1250.000000
⊟ 视点位置	
X	0.000000
Y	0.000000
Z	1250.000000
FOV	39.000000
平摇偏移	180.000000
俯仰偏移	280.000000
距离	4000.000000
显示	False

图 6-26　修改机位参数

⑧ 🗀场景适合视图按钮：使当前选中的物体适合视图大小，如果没有选中的物体，则适合全部物体。

⑨ 🔳最大化/最小化视图按钮：使当前编辑视图最大化或最小化。在 6.4.1 节三维场景四视图编辑区中有详细的说明。

⑩ 🔒锁定选中物体按钮：当锁定时，在编辑视图中将不能选择物体，只能对选中物体进行编辑。要想改变选中的物体可以在时轨栏中选择物体。

⑪ ✛移动物件：在场景中对选中的物件进行任意移动。可以在某个轴方向上移动物体或在任意方向上移动物体。

⑫ 🗀缩放物件：对选中的物体进行形状的大小编辑。可以只在某个轴方向上缩放物体或在 x、y、z 三个方向上同时缩放。

⑬ 🔄旋转物件：设置当前选中的物件绕 x 轴、y 轴、z 轴任意旋转，也可以在属性编辑器中的位置选项中通过键盘直接输入数字或通过方框旁的上下按钮增

153

减数值，单位为度（见图 6 – 26）。

⑭ 添加前景掩膜：此物件的作用是输出前屏掩膜（键信号）视频信号，控制色键器在合成视频、背景视频时屏蔽掉前景信号，最终色键器的输出只有背景视频。

前景掩膜只能添加一个，具有动作轨。前景掩膜不出现在编辑视图中，只出现在时轨栏中。如果当前时刻没有任何前景掩膜动作，则不输出前景掩膜视频信号。

⑮ 添加虚拟摄像机：虚拟摄像机只能添加一个。

虚拟摄像机具有轨迹动作。

轨迹动作分为指定轨迹线或不指定两种：一种是当指定轨迹线时，从该轨迹线中获取空间坐标作为摄像机的位置参数，轨迹线上的旋转和比例参数将被忽略；另一种是未指定轨迹线时，将该动作的（x、y、z）属性作为从动作终止时刻点摄像机的位置参数，动作开始时刻至终止时刻之间的（x，y，z）值将采用线性插值方法计算：

如果有前一动作，则用前一动作的终止时刻（x，y，z）参数作为起点值，和本动作的终止时刻（x，y，z）作为末点，进行线性插值；如果没有前一动作，则采用物体的原始位置参数作为起点值，和本动作的终止时刻（x，y，z）作为末点，进行线性插值；如果当前时刻没有任何轨迹动作，则摄像机位置保持不变。

⑯ 添加 3D 模型：向场景中添加各种 3D 模型物体，如演播室场景、其他三维物体等。

添加方法：点击此图标或相应的菜单项，然后选择需要添加的模型，即可将模型添加到场景；或者从文件夹栏直接拖动 3DS 文件到编辑视图，或者从 Windows 的资源管理器里拖动 3DS 文件到编辑视图。

3D 模型物体数量不限，模型格式为 3DS 格式。本系统从 3DS 文件读取的参数有顶点数据（坐标、法向量、纹理坐标）、材质属性、纹理文件等，具有视频、轨迹、旋转、缩放、显示/隐藏动作轨。

⑰ 添加特效：特效主要用来播放各种带 Alpha 通道的 AVI，如游动的鱼、飞舞的蝴蝶等。

添加方法：选中本功能，然后在编辑视图适当的位置用鼠标左键拖拉一个适当大小的特效区域，然后就可以在该区域中任意添加视频文件、图片或特效了，特效数量不限。可以播放带 Alpha 通道的视频，具有的动作与 3D 模型物体类同。

⑱ 添加轨迹：在场景中添加轨迹，使物体沿轨迹运动。例如，大屏幕的空

间位置移动，鱼自由地游来游去。

添加方法：选中本功能，然后用鼠标左键在编辑视图中点击作为轨迹的控制点，点击鼠标右键结束当前轨迹线。

轨迹的数量不限。必须至少有 4 个控制点才能形成光滑轨迹线，否则轨迹为用直线段连接相邻控制点的折线。每条轨迹线可以被数量不限的轨迹动作关联。在轨迹线的控制点上可以设定控制点坐标，旋转和缩放比例属性。当控制点数多于 3 个时，各控制点之间位置坐标采用 NURB 算法计算形成光滑轨迹；少于 4 个时，用线性插值法计算相邻控制点位置坐标形成折线。编辑轨迹线时可以在当前控制点根据控制点的空间参数属性（位置、旋转、缩放）显示指定的物体。

⑲ 添加泛光灯：在当前场景中添加泛光灯。

泛光灯具有动作轨：开/关、灯光属性、轨迹。

a. 开/关：控制灯光的开或关。当前时刻的开/关动作属性为开则此灯光起作用，属性为关则灯光不起作用，如果当前时刻没有任何开/关动作，则灯光的开或关属性不变。

b. 灯光属性：控制灯光的颜色、衰减等。如果当前时刻没有任何灯光属性动作，则此灯光的相应属性不变。

c. 轨迹：控制灯光的位置，计算方法与虚拟摄像机轨迹动作的相同。

⑳ 添加聚光灯：在当前场景中添加聚光源。所谓聚光源就是把光源的光照形状限制在一个圆锥内，用它来模拟真实世界中的聚光灯，属于位置光源。要创建聚光灯，必须设置聚光灯的张角角度、方向以及聚光指数。

聚光灯的张角：在属性编辑框中的方向栏可以更改聚光灯的张角。张角范围在 0～90 度之间。

聚光灯的方向：聚光可以通过旋转按钮，绕 x 轴或 y 轴任意旋转。

聚光灯的聚光指数：所谓聚光灯的聚光指数是指光照锥体中光照强度的分配，这可以在属性编辑框中的聚光指数中设置。缺省时，该参数值为 0，聚光指数的范围在 0～128 之间。光照强度随着聚光指数的增加而增加，因此，聚光指数越高，则光线越聚集。

㉑ 添加平行光：在当前场景中添加平行光。平行光是类似阳光的光源，是无穷远的，距离的增加对光照强度的影响几乎没有，可以通过旋转按钮，绕 x 轴或 y 轴任意旋转。具有动作轨：开/关、灯光属性、方向（旋转）。

a. 开/关：与泛光灯相同；

b. 灯光属性：控制灯光的颜色；

c. 方向（旋转）：只有 x、y 轴方向的属性起作用。

计算方法与轨迹动作未指定轨迹时类似，需要注意的是全局泛光只能有一个，且必须至少有一个其他 3 种灯光的任何一种时才起作用。无论是泛光灯、聚光灯还是平行光，在同一场景中单独可以创建 0 ~ 8 个，但 3 种灯光总数不能超过 8 个。

灯光的添加方法：选中相应的功能，然后用鼠标左键在编辑视图点击作为灯光的初始位置即可添加相应的灯光。

㉒ 设置播放内容：使用该按钮，可以使场景中的任何物体的每个面变成一个大屏幕墙，用来播放视频或图片。它的实际意义在于可以轻松地营造出梦幻的场景氛围，使节目更加丰富多彩。

选择该功能，然后用鼠标左键在透视图中选择需要设置播放内容的面，则出现如下界面：

图 6-27　设置播放内容

原始位置和图片：此列表框中显示了此物体所有的可以设置播放内容的网格节点名称（建模时命名）和相应的纹理图片文件名。选择不同的节点，就可以给相应的节点设定播放内容。

播放：指的是播放内容。分为原始内容（即用原始的纹理贴图）、来自文件（可以是图片或视频文件等）、外视频 1、外视频 2 等。如果是视频文件，可以设定出点和入点来选择视频文件的某段内容进行播出。

上下翻转：有时设定了播放内容后会出现贴图错误，则只需选中本功能即可实现正确的贴图。

设置完后，必须点击"应用"按钮，修改才会生效。

如果要播放图片或视频文件，则可以从文件夹栏或 Windows 的资源管理器直接拖动相应的文件到右边的视频播放窗体区域。

设置完一个播放内容后，可以继续用鼠标左键在透视图中选择播放目标位置，或者直接在上面的窗口中选择播放目标位置

㉓ 编辑轨迹控制点：修改轨迹的控制点，以改变轨迹的形状和轨迹点属性。编辑轨迹顶点时可以给轨迹关联上一个物体，被关联的物体将在当前编辑的轨迹点上显示，方便查看物体在轨迹上的效果。在轨迹的属性栏里设置"关联的物体"属性选择需要查看效果的物体。

6.5　实训与创作

通过本实训，掌握物件操作、动作编辑、编辑视图、视频输入/输出的操作。

6.5.1　物件操作

（1）添加 3D 模型。

主要有 3 种方法：①从文件夹栏拖拽 3DS 文件到编辑视图；②从 Windows 资源管理器拖拽 3DS 文件到编辑视图；③执行菜单命令或工具条命令"添加 3D 模型"，打开一个 3DS 文件。

（2）添加特效。

执行菜单命令或工具条命令"添加特效"，然后用鼠标左键在编辑视图中拖动产生一个区域，特效添加后通过特效的"文件名"属性设置特效内容。

（3）添加轨迹。

执行菜单命令或工具条命令"添加轨迹"，然后用鼠标左键在编辑视图中点击产生一系列轨迹控制点，点击鼠标右键结束添加当前轨迹。

（4）添加前景掩膜。

执行菜单命令或工具条命令"添加前景掩膜"，则在时轨的物体列表中增加一前景掩膜物体。前景掩膜只能添加一个，且不在编辑视图中出现。

（5）添加虚拟摄像机。

执行菜单命令或工具条命令"添加虚拟摄像机"，则在时轨的物体列表中增加一虚拟摄像机物体。虚拟摄像机只能添加一个，且不在编辑视图中出现。

（6）添加平行光。

执行菜单命令或工具条命令"添加平行光"，然后用鼠标左键在编辑视图点

击一次，则在点击位置产生一个平行光物体。

（7）添加聚光灯。

执行菜单命令或工具条命令"添加聚光灯"，然后用鼠标左键在编辑视图点击一次，则在点击位置产生一个聚光灯物体。

（8）添加泛光灯。

执行菜单命令或工具条命令"添加泛光灯"，然后用鼠标左键在编辑视图点击一次，则在点击位置产生一个泛光灯物体。

（9）在模型上播放视频。

执行菜单命令或工具条命令"设置播放内容"，然后用鼠标左键在透视图上点击需要在其上设置播放内容的 3D 模型物体的某个面，则出现设置播放内容对话框，设置播放内容后点击"应用"按钮即可生效。

（10）修改轨迹形状、设定轨迹关键帧属性、查看物体在关键帧点的状态。

执行菜单命令或工具条命令"编辑轨迹控制点"，然后用鼠标左键在编辑视图中拖动需要修改形状的轨迹的控制点，改变控制点的位置即可改变轨迹的形状。

点击控制点时，在属性栏则出现当前控制点的属性，可在属性栏设置控制点关键帧的位置、旋转、缩放比例等属性。

编辑控制点时，如果需要看到某个物体在控制点处的姿态，只要设置此轨迹的"关联的物体"属性为需要查看的物体即可，拖动控制点时则在控制点处显示被关联的物体。

（11）修改物体空间姿态（位置、旋转、缩放比例）。

执行菜单命令或工具条命令"移动"，然后在编辑视图中用鼠标左键拖动某个物体，即可改变物体的位置。如果某个物体已被选中，拖动该物体的坐标轴的某个轴，则只改变相应坐标轴的坐标参数。

执行菜单命令或工具条命令"旋转"，然后在编辑视图中用鼠标左键选择物体，拖动该物体的坐标轴的某个轴，就可让物体绕相应坐标轴旋转。

执行菜单命令或工具条命令"缩放"，然后在编辑视图中用鼠标左键拖动某个物体，即可改变物体的大小。如果某个物体已被选中，拖动该物体的坐标轴的某个轴，则只改变相应坐标轴方向上的缩放比例参数。

（12）选择物体、锁定物体。

在"移动"、"旋转"、"缩放"、"普通"命令状态下，用鼠标左键在编辑视图中选择物体，或者在时轨栏中用鼠标左键点击相应的物体即可选择物体。

在"移动"、"旋转"、"缩放"命令状态下，打开锁定物体功能，则鼠标在编辑视图中不能选择物体，只能通过时轨栏来选择物体，方便鼠标在编辑视图中操纵选中的物体。

（13）删除物体。

如果有选中的物体，通过执行菜单命令或工具条命令"删除物体"，或在时轨栏的物体区域上用鼠标右键呼出局部菜单，执行"删除选中物体"命令，即可将选中的物体删除。

（14）修改物体属性。

在编辑或预览状态下，选择单个物体，其属性即出现在属性栏中。

切换到某个机位时，其属性会立即出现在属性栏中，可以通过属性栏顶部的列表框选择需要修改属性的机位。

6.5.2　动作编辑

（1）添加动作。

在时轨栏的动作区的空白处用鼠标右键呼出局部菜单，执行"添加动作"命令，添加一个新的动作到相应的物体，其缺省时间长度为空白区域长度的一半。

（2）添加改变动作起始时刻、终止时刻。

时轨栏的鼠标在"选择工具"模式下时，可以用鼠标拖动动作在同一动作轨上左右移动，或者跨越另一动作，可将动作拖到别的物体的相同动作类型上，鼠标在动作的边缘时，用鼠标拖动边线即可改变动作的起始时刻或终止时刻。

（3）删除动作。

用鼠标右键在动作区呼出局部菜单，执行"删除选中动作"或"删除全部动作"，就可删除选中的动作或全部动作。

（4）修改动作属性。

在编辑或预览状态下，用鼠标左键点击动作，动作属性即出现在属性栏，方便修改。

（5）设置视频动作。

3D 模型物件的每个视频动作必须设置播放内容和播放位置才能生效。特效物件的每个视频动作只需设置播放内容。

从文件夹栏拖动视频文件或图片文件到视频动作，或者在视频动作的属性栏中设置"文件"属性即可设置播放内容，或者在视频动作的属性栏中设置"类型"属性为外视频亦可设置播放内容。

对于 3D 模型物件，在"设置播放内容"命令状态下，从透视图中用鼠标左键拖动该物体的一个贴图表面到视频动作，或者在视频动作的属性栏中设置"位置"属性即可。特效物件不用设置播放位置。

（6）为轨迹动作关联轨迹物体。

在轨迹动作的属性中设置"轨迹线"属性为需要关联的轨迹物体，即可让物体在执行此轨迹动作时沿该轨迹运动。设置"方向"属性，可让物体沿轨迹线正向或反向运动。

如果不想关联轨迹，只需将"轨迹线所"属性设为"无轨迹线"，此时物体运动轨迹由动作的 x、y、z 轴属性指定。

6.5.3　编辑视图

（1）全方位浏览场景（绕场景转动）。

此功能只在透视图中有效。执行菜单命令或工具条命令"绕场景转动"，然后用鼠标左键在透视图中上下或左右拖动，即可让视角绕场景 360 度全方位观察场景。

（2）平动视角。

执行菜单命令或工具条命令"平动视角"，然后用鼠标左键在编辑视图中上下或左右拖动，即可上下或左右移动编辑视角。

（3）改变视角张角大小。

执行菜单命令或工具条命令"视场张角"，然后用鼠标左键在透视图中上下拖动，即可改变视角的张角大小。

（4）缩放场景。

执行菜单命令或工具条命令"视图缩放"，然后用鼠标左键在编辑视图中上下拖动，即可缩放场景。

（5）场景适合视图。

执行菜单命令或工具条命令"场景适合视图"，如果有选中的物体，则自动调整编辑视角，使选中的物体尽量填满视场。如果没有选中的物体则使全部物体尽量填满视场。

（6）最大化/最小化视图。

执行菜单命令或工具条命令"最大化/最小化视图"，则使当前编辑视图最大化或最小化。

（7）恢复缺省视角参数。

如果将编辑视图的视角调乱，看不到场景，则只需执行菜单命令或工具条命令"恢复缺省视角"就可恢复初始视角参数。

（8）按真实机位视角查看场景。

场景基本编辑好后，如果想从演播室摄像机的视角来查看场景，则只需执行菜单命令或工具条命令"显示真实机位视角"。

6.5.4 视频输入/输出

（1）全场景雾化。

打开菜单"设置"栏，选择"场景"中的"3D 场景"栏，使用"启用雾化"功能，调整雾化的颜色和方式，场景中就会出现所需的雾化效果。

（2）动态无限蓝箱。

打开菜单"设置"选择"场景"中的"动态 3D 无限蓝箱"栏，使用"启用动态 3D 无限蓝箱"功能，然后按机位设置无限蓝箱参数，在启动跟踪后，就会自动把前景边缘的杂块去除。

注意必须把色键器的键输入功能打开。参数必须针对各个机位分别设置。蓝箱参数设置最好在跟踪接通、镜头处于大广角位置时设定。

（3）机位切换。

在"播放"菜单中选择对应的机位或在输出控制面板中点击机位按钮，还可用小键盘上的"1"、"2"、"3"键切换到相应的机位。

（4）跟踪。

跟踪功能打开后，当真实摄像机姿态改变时（平摇、俯仰、推拉），系统会根据这些姿态参数实时地渲染虚拟背景，使前景和背景的透视关系一致。在"播放"菜单中选择"跟踪"或在输出控制面板中点击"跟踪"按钮，即可接通或断开跟踪。

注意：接通跟踪前，必须将摄像机水平放置，张角推到最远处，对焦必须对实。

（5）输出整屏外视频。

在"播放"菜单中选择"输出外视频 1"或"输出外视频 2"，或者在输出控制面板中选择"外视频 1"或"外视频 2"，背景输出即为相应的实时外视频。若要取消整屏外视频输出，在"播放"菜单中选择"输出 3D 场景"或者在输出控制面板中选择"3D 场景"。

（6）使用遮挡。

在通常状态下，前景（主持人）总是处于背景上面，遮挡功能能够使前景部分位于背景后面，即主持人能够被部分背景挡住。要想使用遮挡功能必须把色键器的键输入功能打开，然后打开"使用键"功能，此时如果物体的"键信号"属性为 TRUE，则系统会输出该物体的键信号。当"自动深度"功能打开时，如果物体到当前摄像机的距离比该机位的"景深"属性设定的数值小，就输出该物体的键信号。

（7）编辑/播放模式。

在播放模式下，系统的渲染输出是时轨上游标对应时刻的动作状态。如果游标不处于"0"时刻，则不允许添加物体和在编辑视图中修改物体，此时可通过属性栏来编辑物体或动作属性。

（8）按场浏览播放。

在编辑过程中，为了浏览整体效果，可以按场浏览播放动作。播放动作时，必须使"编辑/播放模式"处于播放模式，然后用鼠标左键拖动时轨的游标，即可输出游标对应时刻的动作内容。

（9）播放动作。

播放动作时，必须使"编辑/播放模式"处于播放模式。可以从"0"时刻开始播放，也可从时轨的游标处开始播放。播放过程中可以暂停或停止。循环播放时，到了最后一个动作结束时，会自动从开始播放时刻播放动作。在播放过程中不允许添加、删除、修改物体或动作。

（10）输入视频设置。

打开菜单"设置"栏，选择"选项"中的"视频卡"栏，在视频输入列表框中选择输入的视频信号格式。注意格式必须跟实际输入的信号一致，才能采集到视频。

【思考题】

1. 虚拟演播室系统是怎么连接的？
2. 虚拟演播室系统中的系统参数和跟踪配置是如何设置的？
3. 虚拟演播室节目播出列表如何编制？
4. 虚拟演播室系统用户界面及时间轨如何操作？

7

虚拟演播室作品创作流程

　　本章主要阐述了虚拟演播室节目的创作流程，介绍了虚拟演播室节目创作的基本步骤和虚拟演播室在电视节目制作中所需要注意的技术和艺术特点。

虚拟演播室技术与创作
The Technology and Creation of Virtual Studio

【本章学习要点】

通过本章的学习，掌握虚拟演播室节目创作的流程，了解虚拟演播室节目创作的基本步骤和虚拟演播室电视节目制作中的技术重点、难点及其艺术效果。

【本章内容结构】

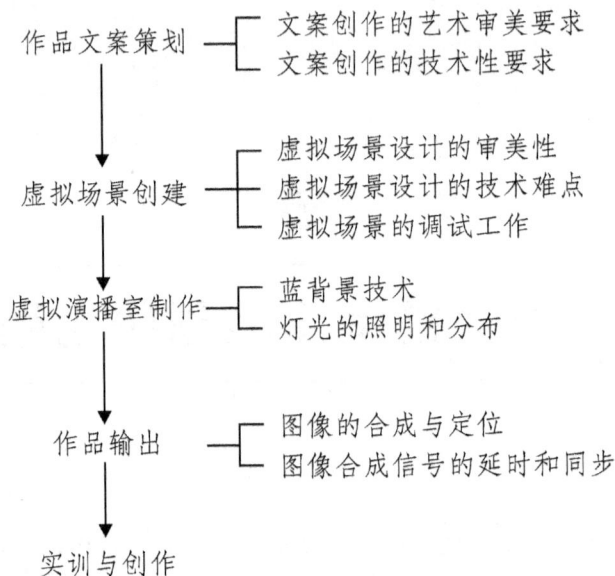

```
作品文案策划 ─┬─ 文案创作的艺术审美要求
              └─ 文案创作的技术性要求
      │
      ▼
虚拟场景创建 ─┬─ 虚拟场景设计的审美性
              ├─ 虚拟场景设计的技术难点
              └─ 虚拟场景的调试工作
      │
      ▼
虚拟演播室制作 ─┬─ 蓝背景技术
                └─ 灯光的照明和分布
      │
      ▼
作品输出 ─┬─ 图像的合成与定位
          └─ 图像合成信号的延时和同步
      │
      ▼
实训与创作
```

虚拟演播室技术在电视节目创作中的应用为电视节目的创作带来了新的发展空间。虚拟演播室丰富的功能，打破了时间和空间对电视节目创作的限制，不仅增强了电视节目的创作效果，也极大地提高了节目创作的效率。随着虚拟演播室技术的逐步完善，虚拟演播室系统在我国电视节目创作领域得到了普遍的推广，各大电视台甚至一些地方电视台和校级电视台也开始积极运用虚拟演播室创作电视节目。从目前来看，虚拟演播室技术主要被运用于创作新闻节目、文艺娱乐节目、访谈类节目、财经节目和少儿节目等。虽然虚拟演播室节目的创作手法因节目类型而异，但是其制作流程基本相似。一般来说，虚拟演播室节目的创作可分为四大步骤：第一，进行作品的文案策划；第二，设计和创作虚拟场景；第三，制作虚拟演播室；第四，合成和输出作品。由于虚拟演播室系统的特殊性，虚拟演播室节目的策划和创作与普通节目有很大的区别。

164

7.1　作品文案策划

7.1.1　文案创作的艺术审美要求

　　虚拟演播室节目的创作需要非常详细的文案策划。虚拟演播室技术给观众带来的是前所未有的视觉刺激，但是随着观众审美水平的日益提高，观众也会从审美角度对虚拟演播室节目进行评判和选择。虚拟演播室节目的文案创作需要从艺术性出发，在明确节目定位的基础上，满足目标观众的收视需求。比如，当运用虚拟演播室技术创作少儿教育节目时，其作品的文案策划就应该考虑儿童学习情境要素在节目创作中的作用，而不是仅仅考虑技术上的操作和难点。日本 NHK 公司的虚拟演播室教育节目《自然科学实验百科》就在文案创作时充分考虑到教育节目的教学形式特点，不仅为观众营造了接近日常学习的现场感和真实感，还立足于学习者的学习体验，让观众获得情感态度、价值观以及能力的提升。在文案中，NHK 公司的策划人员突出了专家的示范演示和观众的全程参与性这两个明显的特点，每间隔 10 分钟完成一个自然科学知识的讲解。这样的结构，让这部虚拟演播室教育节目实现了技术和人文的自然结合。

图 7 – 1　日本 NHK 公司虚拟演播室教育节目《自然科学实验百科》

　　随着虚拟演播室节目类型的多样化发展，文案创作的要求也随之提高。2000年中央电视台经济频道利用虚拟演播室技术推出了剧播性栏目《欢乐家庭》，这是继欧洲德国电视二台之后，亚洲首次创作虚拟演播室情景喜剧。这部作品的出现，意味着虚拟演播室技术不再停留在新闻、娱乐等非故事性电视节目的创作领域，它已经开始在故事性较强的电视节目中发挥出巨大的创造力。故事性虚拟演播室节目的文案创作的难度要远远高于新闻、娱乐类的节目。新闻节目对虚拟场景的要求具有一定的连续性和单一性，只需要按照新闻的编排原则来完成新闻的播报即可。但是故事性虚拟演播室节目的文案创作，既要考虑人物角色的设置、故事情节的安排和矛盾冲突的发展，又要考虑到虚拟演播室场景的更换和虚拟技术的特殊性。因此，故事性虚拟演播室节目的文案创作对虚拟演播室节目的策划人员提出了挑战。

7.1.2　文案创作的技术性要求

由于虚拟演播室运作时的特殊性能，节目创作者在进行文案策划时必须认真思考节目制作的流程和细节。策划者必须思考以下三个技术方面的细节。

第一，虚拟场景的设计。虚拟演播室节目与传统演播室节目最大的区别就在于，它是以三维技术虚构出仿真场景来参与节目的创作。虚拟场景是节目创作的空间组成部分，虚拟演播室节目的创新之处就来自于虚拟场景的可替换性和可更改性。因此，虽然虚拟场景可以给观众带来无限的视觉空间和审美享受，但是其属性，如场景的性质、大小、颜色等，都会对节目的创作有所限定。在虚拟演播室节目文案策划的前期，策划人员应与虚拟场景创建人员充分交流，尽量获得虚拟场景的详细信息，以便策划出可行的方案。

第二，虚拟演播室系统中摄像机的变化。虚拟演播室系统一般包括两个摄像机系统——真实摄像机系统和虚拟摄像机系统，这两个系统通过摄像机分析和控制模块相连接。真实摄像机系统负责前景物体的拍摄，虚拟摄像机系统负责虚拟背景的拍摄，真实摄像机所采集的画面和虚拟摄像机所采集的画面会通过摄像机的分析和控制系统产生一种联动反应，真实镜头的推、拉、摇、移、跟等运动会在虚拟摄像机镜头中形成图像的放大、缩小和移动。这一系列的联动反应机制如图 7－2 所示。这些都要求文案策划者能够对这种镜头的联动反应有足够的认识，能在文案中兼顾真实摄像机和虚拟摄像机的变化，并将这种变化控制在可行范围内，避免在虚拟节目创作时，由于镜头的配合失误而导致合成画面的失真。

第三，表演者的运动和变化。虚拟演播室系统是一套复杂的系统，不同类型的演播室对表演者有不同的要求。比如，一些初级的虚拟演播室系统就对表演者的位置要求极高，而且对表演者的运动也有一定的限制，对节目的创作会产生一定的制约。而一些高级的虚拟演播室系统具有稳定的跟踪识别图像技术，能给予创作者更多的发挥空间。因此，文案策划者要在对虚拟演播室系统有所了解的基础上，设计表演者的位置变化、运动轨迹和画面切换。

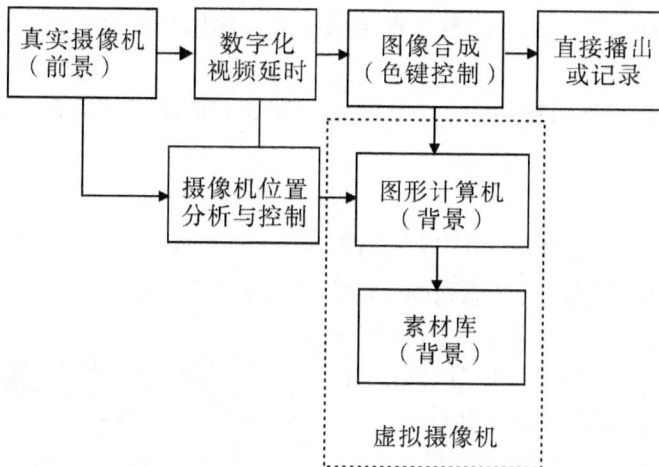

图 7 - 2　虚拟演播室的双摄像机系统

在策划虚拟演播室节目时需考虑到这三点技术细节，否则会给后期拍摄带来极大的困难，增加制作成本和制作时间。在广东技术师范学院学生自主创作的虚拟演播室作品娱乐节目《特色音乐榜》中，文案策划人员就与技术人员进行了全面的沟通。首先，策划人员与虚拟演播室技术操作人员交流，了解节目主持人的走位，对主持人的运动轨迹进行了初步的规划，做出策划稿的雏形。其次，策划人员与摄像人员配合，就合成图像的尺寸和镜头的变化进行适配，避免虚拟演播室节目实际拍摄产生的画面误差。最后，策划人员与虚拟场景的创建人员全面合作，详细了解虚拟背景构建的设计方案，对每个镜头进行细分，最终通过与电脑虚拟场景的结合，写出详细的分镜头剧本。这样，创作人员在节目制作中不仅能全面贯彻编导的意图，也能减少错误的产生，提高节目的制作效率。

7.2　虚拟场景创建

虚拟场景的创建是对传统电视节目创作的突破，对整个虚拟演播室节目的创作起着至关重要的作用。虚拟场景的创建并不在演播室内完成，而是利用独立的三维动画软件、二维动画软件以及图形图像制作软件的结合来完成。根据虚拟演播室节目的不同需求，虚拟背景的创建设备并不相同。如果只是普通的节目创作，比如校园虚拟演播室节目的创建，基本上一台中档的 PC 机即可建构环境。如果制作广播级的虚拟演播室节目，则需要高效率和高质量的渲染效果，则要建立图形工作站。虚拟演播室的场景经渲染输出后，存入虚拟演播室系统的存储设备，被虚拟演播室系统的读图软件所拾取，进入多图层图像合成器，实现虚拟演播室的实时演播效果。

虚拟场景的创建需要从三个方面来进行考虑，即虚拟场景设计的审美性、技术难点和调试工作。

7.2.1 虚拟场景设计的审美性

首先，模型的创建要考虑到画面的空间视觉效果。虚拟演播室节目强调的就是节目的现场感和视觉效果的逼真感，因此虚拟模型的设计多采用三维动画图形，甚至在一些场景中会采用一些三维立体小动画来增强空间的立体感。比如在虚拟演播室节目 MTV《天籁村——五花大榜》的创建中，就采用三维长方体作为虚拟背景构建的主要元素，来突出画面的纵深感和立体感，同时再搭配斜条纹的小动画来增强节目的动态感。

图 7 – 3　虚拟演播室节目 MTV《天籁村——五花大榜》（ku6. com 视频网站提供）

其次，模型的创建要考虑虚拟演播室节目的内容、主题以及受众等因素。虚拟演播室节目的内容、主题以及受众的不同，虚拟模型的审美性也会不同。虚拟演播室技术适合于新闻、访谈、娱乐、儿童教育、体育报道、天气预报等多种类型节目。比如，体育节目和新闻报道从节目的类型来讲，虽然具有一定的重叠性，但是其虚拟模型的设计要求完全不同。新闻节目的虚拟模型要求端庄大气，能够凸显节目的规范性和严谨性，如北京电视台的新闻节目《北京你早》，就采用了沉稳大气的三维动态背景地球仪作为其新闻播报的虚拟背景，这一处理成功地提升了这档新闻节目的质量，给观众诚实可信高端的视觉体验。而体育节目的虚拟模型则要求体现动感和活力，增强视觉冲击力。如中央电视台英语频道的《体育报道》，就大胆地采用交错排布的动感小方块和具有较强透视效果的三维电视虚拟模型作为节目的虚拟

图 7 – 4　北京电视台的新闻节目《北京你早》

背景，这一处理既增加了空间的质感，又体现了体育运动特有的活力，给观众带来热烈激情的视觉体验。同类型节目的设计，因其节目内容的不同，从而具有不同的要求，不同类型的节目更是要根据其自身的特点进行独具匠心的设计。比如，在广东技术师范学院自主创作的校园娱乐节目《音乐榜》中，就针对其独特的受众——校园青少年人群进行了独特的虚拟背景设计。《音乐榜》的虚拟背景采用了纵向长方体和横向立方体交错排布的设计。《音乐榜》以向当代大学生介绍流行音乐为主题，这种设计不仅迎合了当代大学生喜爱新奇特效的审美观，也更能够引起他们的注意。

图7-5　中央电视台英语频道的《体育报道》

最后，模型的创建要考虑空间上的"留白"。"留白"顾名思义是在艺术作品的创作中留下适当的空间。虽说虚拟场景的创建无限制，只需要多创建一些场景存储于系统之中，随时可根据节目的需求切换场景，但是为了保持节目的

图7-6　《音乐榜》（学生作品：广东技术师范学院陈敏红）

统一性和节目品牌的可识别性，一般情况下虚拟场景会重复使用。面对虚拟背景反复使用的状况，虚拟背景的设计必须留有一定的空间。虚拟背景模型设计的留白，不仅利于后期对背景的更改和修饰，也有利于三维模型和二维动画元素的随机组合，随时给观众带来耳目一新的感觉。

7.2.2　虚拟场景设计的技术难点

技术上的难度主要涉及两个层面，一是模型创建层面，二是模型的材质贴图层面。模型的创建不仅涉及三维动画技术的操作，更涉及虚拟系统本身的运算能力。按照虚拟演播室系统能否实时读取源文件并对源文件实时渲染，虚拟演播室系统被分为二维半虚拟演播室和三维虚拟演播室。二维半虚拟演播室的虚拟场景的创建一般先在三维软件如3D Max或Maya中完成，再进入虚拟演播室系统以贴

图的方式实现图像的合成。在二维半虚拟演播室系统中，虚拟背景模型的创建较为自由，不受演播室系统运算能力的限制。但是，由于受到系统的制约，这类虚拟背景在合成时画面不够逼真，阴影、反射和焦散等细节也无法在画面中体现。而三维虚拟演播室由于其拥有强大的图形工作站，虚拟演播室系统能够实时地读取三维软件所设计好的场景模型，可以将前景和背景完全融合，得到理想的画面效果。但是，由于它的运算方式复杂，而且工作量较大，有些特效的制作会受到限制。因此，虚拟背景模型的创建受到虚拟系统本身性能的制约，在设计虚拟背景模型时要先考虑到技术上的可行性。

例如，中央电视台《动画城》栏目所制作的虚拟演播室节目《动画城儿童节特别节目》，在制作虚拟背景的模型时，就针对演播室的运算处理能力，进行了多次的讨论和修改。《动画城》栏目采用的虚拟演播室是以色列 RT – Set 的 Larus 软件系统，其核心硬件是 SGI 公司的 ONYX2 大型图形计算机。这款虚拟演播室系统是全三维虚拟演播室系统，在节目制作中可对虚拟场景实时渲染，生成广播级的画面合成效果。在节目创作初期，虚拟背景创作人员设计了三套不同的方案以供选择。导演根据节目的设想，最终敲定表现数字时空的场景，这个场景的创作就受到了系统图形运算能力的限制。这套虚拟背景主要包括浩瀚的星空、几座悬浮的城堡和纵横交错的数字群，这些元素的创作主要以三维动画软件的多边形技术来完成。对于多边形技术来讲，模型物体的面片数量越多，所建构的场景就越精致。而中央电视台所采用的 Larus 软件系统，如果要保证系统的流畅运行，只能容纳 2 万个多边形的面片，否则将会引起系统运转的错误。因此设计师在创建该模型时，针对系统的这一要求，反复精简优化动画城的虚拟背景，最终在不损害视觉效果的前提下，将面片数量控制在 2 万个以内，保障了系统的安全顺畅运行。就当时的情况来看，该虚拟背景是央视所使用的规模最大的虚拟模型，实现了虚拟演播室渲染系统和三维动画技术的完美结合，是一个值得学习和参考的成功范例。

模型的材质贴图与虚拟演播室系统的渲染引擎紧密相关。在虚拟演播室的模型完成后，需要对模型的表面进行处理，赋予其材质，这样不仅使模型看起来更加具有真实感，而且更能体现出该节目的审美性。虚拟模型材质的处理，要考虑到以下两个方面。

首先，在处理材质时，要考虑到现实生活中物体的对象属性，使模型材质与生活中的材质保持高度的一致，达到"以假乱真"的视觉效果。特别需要考虑的是模型物体的基本颜色、透明度、反光度、反光范围、自发光等特性。校园娱乐节目《音乐榜》的制作就从节目的审美特性出发，将虚拟场景中模型的基本色定位于年轻人较为喜爱的糖果色，以增加节目的青春气息。该背景的材质制作人员，采用了三维动画软件 Maya 作为场景的创建平台，在制作材质时，先根据节目的需求，将材质球的基本类型设置为 Blinn 材质。Blinn 材质是很多艺术家经常使用的材质，具有高质量的镜面高光效果，如果配合材质离心率和高光等参数进行调整，能够得到类似于有机物表面的视觉效果。Blinn 材质的选用，为模仿糖果的有机表面效果设定了基本的效果。然后，按照不同的模块区域，为不同的立方体设置基本的物体颜色。这一步骤中，利用了背景颜色（ambient）和物体漫反射颜色（diffuse）的配合，完成了模型表面的基本颜色设置。在该场景共设置了五个大的颜色模块：玫红色、橙黄色、天蓝色、米色和草绿色，奠定了场景的整体暖色调。接下来，为虚拟模型添设物体表面反射光线的细节。在这一环节中，主要对材质球的高光属性部分进行了调整。Blinn 材质的高光属性主要由三个参数控制：高光颜色（specular color）、高光离心率（eccentricity）和高光的强度（specular roll off）。该设计师通过这三项主要参数，根据实际情况，调整了每个立方体表面的反射效果、反射颜色以及高光的强度和范围，最终模拟出真实的糖果表面反射细节。最后，根据节目的实际需要，在三维场景中渲染出带有材质贴图的最终效果。目前，在 Maya 动画场景中较为常用的有四大渲染器：Mental Ray、Brazil、Final Render、V–Ray。这些都是较为顶级的渲染器，每个都有其自身的特点和优势，要根据节目的实际情况来进行选择。比如 Mental Ray 可以智能地对需要渲染的场景进行自动计算，用法较为简捷，但是其运算量较大，对于硬件系统有较高的要求。Brazil 经过多年的开发和市场的检验，已经是一款非常成熟的渲染器，但是对动态虚拟背景的渲染非常缓慢，很多商业用户无法接受其渲染的速度。因此《音乐榜》采用了 V–Ray 渲染器。V–Ray 渲染器相较于其他三款渲染器属于业余级别，它不是由成熟的商业公司所开发，其开发者大都是东欧的 CG 爱好者。但是它有一个显著的特点，就是需要调节的参数比较少，非常容易掌握，而且渲染速度非常快，便于材质的调整和把握。《音乐榜》是学生利用业余时间自主策划的校园娱乐节目，V–Ray 渲染器的快捷性非常适合学生进行测试和调整。

其次，在创建模型的场景贴图时，要考虑到烘焙技术对渲染结果造成的影响。烘焙技术也被称为 Render to Texture，是一种将 3D Max 的光照信息渲染成贴图的方式。在一些二维半虚拟演播室系统中，三维演播室的软件系统中的识别软件无法显示和辨认 3D Max 自带的灯光信息，这时就需要采用烘焙技术将 3D Max 的光照信息渲染成贴图，然后再将烘焙后的贴图载入虚拟演播室场景中。烘焙贴图具有自身的局限性，有一些 3D Max 中的纹理信息烘焙后无法在虚拟演播室场景中显示，给场景的真实还原带来了极大的困难。如《音乐榜》是以 LiFU 公司的虚拟演播室系统为依托进行设计制作的，该系统是一套二维半的虚拟演播室系统，可读取 3D Max、Maya 等三维动画软件所生成的模型文件。但是 LiFU 公司的虚拟演播室系统在读取 3D Max 所生成的 3DS 格式文件时，无法显示 3D Max 自带的纹理灯光，需要进行烘焙后才能够被读取。该节目在创作初期，采用了 3D Max 技术来完成场景的创建，但是在烘焙时遇到难以解决的问题，就是虚拟模型烘焙后的反射信息和高光信息在虚拟演播室合成时，无法得到正确的显示。经过多次测试后，创作人员发现 Maya 生成的 mb 格式文件可以直接被 LiFU 公司的虚拟演播室系统读取，无须经过任何转换。因此创作人员决定采用 Maya 技术来重新进行场景的创建，实践证明，mb 格式文件可以在虚拟场景中很好地将贴图纹理信息进行展现。

7.2.3 虚拟场景的调试工作

场景的调试在虚拟场景的创建中也起着非常重要的作用。虚拟场景不仅仅是一个独立的三维模型，它还是表演者活动的场所和环境。在虚拟演播室系统的录制环境中，演员看不到虚拟的场景，只能根据分镜头剧本和演播室内的监视器来完成节目的创作。因此，在表演之前需要制作并调试完成录制过程中所要求的事件场景，尽量减少可能出现的问题，提高节目录制的效率。比如在 2010 年 12 月 31 日的湖南卫视"给力 2011 跨年演唱会"中，就采用宇田索诚科技有限公司提供的 Vizrt 虚拟演播室系统，给观众带来了神奇的视觉效果。在青年歌手郁可唯向邓丽君的致敬演唱中，邓丽君的表演视频被定位到舞台上，通过先进的虚拟技术观众看到了邓丽君和郁可唯同台表演的视觉奇观，点燃了晚会现场的气氛。这一虚拟技术，需要虚拟演播室系统的控制端在节目开始前将所需的立体场景载入虚拟图像合成引擎中，然后通过定制的模板对虚拟场景中物体的运动进行控制。要完成这一天衣无缝的神奇视觉特效，在前期要经过多次的视觉调制，否则就可能使表演者的运动轨迹重叠，影响到节目的观看效果。

7.3 虚拟演播室制作

虚拟演播室系统通过计算机三维场景设计技术、数字色键技术、蓝箱技术、灯光技术和摄像机跟踪技术等各种技术的综合应用，使虚拟背景具有真实的视觉效果。因此，在完成虚拟背景的创建后，还要注意虚拟演播室内其他相关元素，以便生成良好的视觉效果。

7.3.1　蓝背景技术

虚拟演播室是一个蓝色的立体空间，节目录制时表演在蓝色的立体空间内进行，在合成图像输出时蓝色的区域被虚拟场景所取代。为了避免蓝色抠除时出现颜色误差，虚拟演播室的蓝背景具有以下三点要求：

第一，蓝箱的蓝色背景必须平滑，颜色均匀，而且具有一定的空间感。首先，蓝箱要为虚拟演播室节目的创作提供较大的灵活性。从目前的情况来看，虚拟演播室的蓝箱一般由两面或三面蓝色背景墙加上蓝色的地板构成，是一个半开放的长方体。在节目创作中，真实蓝箱的大小是没有固定的物理尺寸，需根据节目的需要来决定。现在我国的电视台多是自负盈亏，因此大部分的电视台都是多个节目共用一个蓝箱。这就意味着，同一个蓝箱不仅必须适应多个虚拟场景，而且必须容纳不同数量的表演者。蓝背景的大小决定了虚拟演播室节目的规模，如果虚拟演播室的真实蓝背景极小，就只能容纳极少的表演者，较适用于专室专用的虚拟演播室节目的创作。如果虚拟演播室的真实蓝背景极大，可以在较大的范围内允许较多的表演者活动，较适用于多个节目的共用。其次，要考虑蓝箱墙壁的设置状态以及墙壁之间各个夹角的角度。对于虚拟节目的创作来讲，三面蓝壁和蓝色地板是最理想的拍摄状态。这种设计使演员、道具和虚拟布景区的适配较为便捷，也给予了摄像机较大的运动空间，可为虚拟演播室节目的创作提供更大的发挥空间。同时，蓝箱的墙壁和地板之间不能设计成折角。在设计时，蓝壁和地板之间必须由曲面的角度光滑连接，以免形成不均匀的灯光照明，给节目创作中阴影的保留和背景的抠像带来较大的难度。圆滑的夹角使灯光的设置更为容易，墙壁和地面之间的反射也被降到了最低，为节目的创作降低了难度。最后，蓝背景的设计要与摄像机拍摄的范围相匹配。一般来讲，摄像机的拍摄范围不能超过蓝背景，因此蓝箱的空间大小一定要满足节目创作所需摄像机类型的活动需要。较大的蓝箱可以允许各种类型的摄像机自由灵活地推拉摇移；反之，较小的蓝箱就只允许摄像机小范围内的运动，甚至有时摄像机基本处于静止状态。因此，蓝箱不能太小，这样会导致虚拟演播室节目缺乏动感，降低视觉效果，但又不能盲目地追求大面积的蓝壁，致使节目创作成本上升，增加节目的创作负担。通常来讲，一个 $5m \times 3m \times 3m$ 的三面墙蓝箱即可满足校园虚拟节目的创作。

第二，蓝箱的选择要根据虚拟演播室节目的性质来决定。目前，虽然虚拟演播室节目的类型在不断创新，但是我国电视台多用虚拟演播室来制作两类节目，一类是新闻访谈类型节目，还有一类是文艺娱乐类型节目。新闻访谈类节目的制作模式较为固定，大多采用演播室内节目主持人与嘉宾对话加上演播室空间外的

图7-7 虚拟演播室圆滑夹角示意图

视频片段制作，一般来说拍摄手法较为简单、固定。同时，新闻访谈类节目较为注重服务性、时效性和客观性，因此在新闻访谈节目的拍摄中镜头较为稳定，多用正面镜头和斜侧镜头，较少使用动感较强的推拉摇移。新闻访谈类节目的这些特性，使节目创作对虚拟演播室的要求并不是太严格，不需要选用较大的蓝箱。比如凤凰卫视资讯台所采用的大洋虚拟演播室系统就采用了不足10平方米的蓝箱来进行其节目的创作（见图7-8）。凤凰卫视资讯台自2001年开播以来，24小时播报全球各地的时事新闻和财经资讯，其节目创作以全球华人的新闻资讯报道和新闻评论为主，因此相似的节目类型使凤凰卫视可以实现蓝箱的共用，使凤凰卫视可以节省成本和空间，在小的蓝箱内实现规模宏大的演播室新闻播报。相比之下，娱乐文艺节目的创作较为复杂。为了达到较好的舞台效果，主持人不仅需要来回走动，而且需要在较大的范围内活动，因此，摄像机的运动幅度较大，固定镜头相对来说较少，多为变化中的动态镜头。而且娱乐节目多注重画面的层次感、动态感和互动性，对视觉效果的要求较为严格。娱乐节目的这些特性，使节目创作需要较大的蓝箱空间，为镜头和演员的活动预留足够的活动空间。比如，湖南卫视的"给力2011跨年演唱会"的创作就突破性地实现了虚拟演播室的大型演唱会录制。在节目的开场段落，使用了粒子在观众区环绕的特效，这幕场景需要摇臂摄像机跟踪粒子飞行，镜头覆盖整个场馆。这一视觉特效的制作，需要特别大型的蓝箱设计，才能满足节目创作的需求（见图7-9）。

第三，蓝箱的使用要与道具的设置相匹配。蓝箱内的道具可分为两种类型：

图7-8 凤凰卫视资讯台大洋虚拟演播室系统

图7-9 湖南卫视虚拟演播室大型"给力2011跨年演唱会"录制现场

一种是实物道具,另一种是虚拟道具。在专有演播室录制的节目中,较多地采用实物道具,如新闻、教学类的虚拟演播室节目。比如校园虚拟演播室节目《广师视频》,就是一档以反映校园生活为主的定期节目,因此在《广师视频》专用的虚拟演播室内,就采用了实物道具——新闻桌。该新闻桌是校园新闻录制的长期使用道具,这就要求道具的大小、体积和颜色等必须与广东技术师范学院所使用的 LiFU 虚拟演播室系统相匹配,否则将会导致节目的穿帮。但是在我国大多的电视台节目的创作中,基本上是不同类型的节目共用同一虚拟演播室,这样就需要将所用的不同道具存入资源库中,来提高虚拟演播室的使用率。这一类可以存入资源图库中,随时调用的道具即是虚拟道具。虚拟道具也具有自身的局限性,比如虚拟道具无法在蓝箱内真实存在,表演者难以发挥最佳状态。因此,在使用虚拟道具时,必须根据蓝箱的性质和节目的进展来设计和制作。

图 7 - 10　广东技术师范学院 LiFU 虚拟演播室系统

7.3.2　灯光的照明和分布

　　早在电视节目诞生初期，光与影就是影视艺术赖以生存的媒介和基础，虚拟演播室节目的创作更是与灯光有着密不可分的关系。在虚拟演播室节目的创作中，只有合理的布光和灯光调配，才能保证色键器起到良好的作用，最终得到满意的视觉效果。虚拟演播室系统由于自身的特殊性，其照明系统与普通的影视拍摄灯光照明有极大的区别。在实践操作中，要注意以下两点。

图 7 - 11　演播室使用的三基色柔光灯

图 7 - 12　演播室使用的天幕灯

　　第一，在虚拟演播室的节目创作中，要根据灯光的类型和作用来进行正确布光。根据灯光照明所产生的作用，虚拟演播室的灯光分为基本光、人物光和区域辅助光三种基础类型。基本光主要是指在蓝箱内形成均匀柔和的照明，生成非硬边阴影的灯光系统。基本光大都由柔光灯产生，对蓝箱的立面墙和地面进行均匀照明，因此，基本光布光要从两个方面来进行考虑。第一个方面，要考虑基本光对立面墙的照明。对于蓝箱立面墙的照明要根据节目创作所使用的蓝箱来选择灯具类型，比如节目创作所使用的蓝箱体积较小、高度较低，可考虑使用冷光源的三基色柔光灯（见图7－11），这种类型的灯光布光面积大，所发光柔和、无频闪、能见度高，可在蓝壁上形成均匀柔和的光照，便于图像的合成。反之，这种类型的灯具也由于照度比较低，不适合于面积较大、高度较高的虚拟演播室。如果虚拟演播室的蓝箱较高，可选用天幕灯（见图7－12）或双反射式柔光灯。这两种类型的灯光可对天幕或水平屏幕实现垂直平滑照明，形成分散的逆光照明和柔和的光线，可以在较高的蓝壁上布出满意的灯光效果。从现在的使用情况来看，蓝壁低于3.5米时，会使用三基色冷光源做基本布光；蓝壁高于3.5米时，会使用天幕灯或双反射式柔光灯做基本布光。当虚拟演播室节目创作出现人物全景时，镜头中不仅要出现蓝箱的立面墙，还会出现蓝箱的地面。如果要达到较好的画面效果，不仅蓝壁要布光均匀，而且地面也要有非常均匀的照明。在蓝壁低于3.5米的虚拟场景中，可利用场景中的三基色冷光源灯口向下进行照明，灯光与地面垂直可在地面形成均匀布光。在蓝壁高于3.5米的虚拟场景中，也可用同样的方法来处理，用双反射式柔光灯对地面形成均匀布光。但是有一点要注意，双反射式柔光灯照度较高，容易形成硬边阴影。因此在应用此种类型的灯光时，需在灯光前加一层柔光纸，利用它的透光率来形成柔和的地面照射。第二个方面，在处理完蓝箱的基本布光后，人物布光也是虚拟演播室布光的难点部分。虚拟演播室的人物布光，不仅要考虑到演播室蓝箱内的光照度，还要考虑到虚拟场景内的布光。虚拟演播室的节目创作中，要求其人物的布光与虚拟背景的布光相匹配，要和主要光源的颜色、强度、硬度和方向保持基本一致，使合成画面既满足抠蓝的需要，又要显得真实。在节目的创作中，一般会出现两种情况：一种是虚拟场景中主光源不但方向明确，而且亮度较高；另一种情况是虚拟场景中无明显的主光源。一般来讲，遇到第一种情况，可直接使用演播室内的聚光灯。但值得注意的是，作主光源的聚光灯除要与虚拟背景的主光源保持一致外，还要具有一定的高度，才能够避免不必要的光斑，避免给抠蓝带来麻烦。如果有可能，还可以在演播室内的主光灯前加柔光纸，避免不合逻辑的阴影，致使画面看起来很虚假。遇到第二种情况，则可根据表演者活动的区域大小选用三基色冷光源或双反射式柔光灯做主光源。同时，在虚拟演播室节目的创作中，还有一种功能独特的灯光——区域辅助光。区域辅助光主要有两个目的，一是抠除画面合成时不干净的杂波，二是柔化物体的区域阴影。在虚拟演播室节目的创作中，为了增强节目的视觉动感，表演者会有一定的活动区域。当表演者在蓝箱中活动时，由于灯光的影响，人物会和地面形成一定的动态阴影，这样会在画面合成时形成运动的杂波，影响画面的效果。同时它还会在蓝壁和蓝地板上形成相应的反射，使表演者的手臂和下巴等多部位出现杂波。这种情况可选用演播室使用的地排灯（见图7－13）来消除画面合成时所形成的杂波。地排灯一般灯口尽量朝下，放置在演播室蓝箱的台口处（见图7－14）。但是地排灯的数量和具体的位置要根据各个演播室的情况而定，不同的节目、不同的机位、不同的表演者活动范围、不同的道具性质和摆放位置，都会对地排灯的选用产生一定的影响。区域辅助光能够消除画面杂波和区域阴影，保证最终的画面效果。

图7－13　演播室使用的地排灯

图7－14　虚拟演播室地排灯摆放示意图

第二，在虚拟演播室的节目创作中，要根据摄像机的灵敏度和预设位置来进行正确布光。虚拟演播室的灯光，首先要满足摄像机灵敏度的要求。摄像机具有不同的灵敏度，它直接影响着拍摄场景的照度大小。摄像机的灵敏度越高，对拍摄场景的照度要求较低；反之，灵敏度越低，对拍摄场景的照度要求就越高。摄像机的照度对于节目的创作来说是一个重要的因素，只有满足了摄像机的基本照度要求，才能得到清晰度、饱和度一流的画面。在虚拟演播室中，摄像机的基本照度大概是 1 500～2 500 勒克斯，如果达不到这个最低照度，画面的质量就会受到极大的影响。因此，在虚拟演播室节目的创作中，要根据光源的功率大小、与摄像机的距离、角度等参数，来对演播室的基本照度进行调节，以满足演播室摄像机的基本照明。其次，虚拟演播室的灯光要以摄像机的特定视点为基准进行设置。在虚拟演播室内，灯光所在的位置和角度是形成布光造型的主要因素，随着灯光角度和位置的变化，被摄主体会出现相应的变化。为了准确描述灯光和被摄体之间的相对位置，人们习惯用"钟面坐标法"来表示光线的入射角度和方向，而这种方法正是以摄像机的机位来作为参考坐标的，演播室内的任何一盏灯光都能以摄像机的机位为基准来进行水平钟面和垂直钟面的定位，无须考虑被摄物体的方向。比如，当有一盏灯光靠近摄像机镜头时，就可以直接将其作为演播室内的正面光源使用。但有一点需要注意，当有多个机位或者机位不停运动变化时，灯光的方向和设置会随着摄像机机位的改变而发生变化，这时就需要灵活处理了。

虚拟演播室的布光是一个复杂的工作，它不仅涉及灯光的基本性质和规则，而且还涉及虚拟演播室的特殊性质，是一项实践性很强的工作。如果虚拟演播室的照明系统出现问题，不仅会影响到画面的色彩、清晰度等基本属性，还会对节目的艺术性起到破坏性的作用。所以，虚拟演播室的布光师既要掌握虚拟演播室光照系统的基本原则，也要根据节目的性质不断创造出新的技术。

7.4 作品输出

在虚拟演播室的节目创作中，当前景的视频图像与背景的虚拟场景合成输出后，才算最终完成虚拟演播室节目的创作。虚拟演播室节目的输出合成，是一个复杂的系统，它涉及图像合成与定位、合成信号的延时和同步问题。

7.4.1 图像的合成与定位

在虚拟演播室中，图像的合成是通过色键合成器实时完成的。色键合成器是通过前景物体的色度和蓝背景之间的差别，将表演者和虚拟背景完美地合成在一起。为了保证合成图像的质量，除需要注意教材前面提到的灯光和蓝背景外，还需要注意前景物体的阴影对蓝背景抠像所造成的影响。阴影的方向不仅要和虚拟空间的光源保持一致，而且重要的是阴影的蓝色电平值和背景的蓝色电平值要有较大的差异，这样才能得到真实的画面效果。表演者在运动过程中的定位，也是图像合成需要注意的问题。一般来讲，只有在全三维的虚拟演播室场景合成中，才会出现这一类的问题。因为，只有在全三维场景的色键合成器中才能够获得画面中每一个像素 z 轴上的深度值，所以才能让表演者在虚拟场景中产生真实的位置连续变化。在节目的创作实践中，要考虑色键合成器的功能和类型，以得到满意的合成画面效果。

7.4.2 合成信号的延时和同步

在虚拟演播室节目的创作中，虚拟图像合成输出的延时来源于图形工作站的延时。图像工作站的延时包括两个部分，一部分是视频图像的延时，另一部分是硬件的延时。视频的延时主要来源于图形工作站对背景图的运算。二维半虚拟演播室系统图像生成器处理的背景是一张位图，且其对背景图的运算与模型的复杂程度是不相关的，所以二维半系统可以设计非常精致和复杂的场景来增加视觉效果，它在创作一些无须移动摄像机的节目时延时较少，具有相当明显的优势。但对于全三维虚拟演播室系统来讲，虚拟背景由工作站实时渲染，对场景的复杂程度和面片数量都有较大的限制。通常来讲，全三维系统延时较多，一些镜头动态感较强、制作成本较高、视觉效果较复杂的节目，会采用全三维虚拟演播室系统来制作。因此，在创作虚拟演播室节目时，要根据节目的性质以及虚拟演播室的类型来进行相应的视频画面延时处理。另外，声音信号不仅要经过调音台的处理，也要根据现场情况做一定的延时处理，保证声画同步，不致产生视音频的脱节。

尽管虚拟演播室技术仍然存在着一些局限性，但虚拟演播室技术开拓了电视节目创作的空间，为电视创作人员提供了自由发挥的平台。期待虚拟演播室技术日臻完善，为广大的观众展现更为绚丽的视觉景观。

7.5 实训与创作

广师视频制作的虚拟演播室节目《开心一笑》是一档以"校园笑话"为主的娱乐节目，收视群体为 18～25 岁之间的在校大学生以及 40 岁以下的校园教职工。该节目的宗旨是为在校生和教师提供开心和快乐，通过幽默的语言和夸张的表演使观众在紧张的校园学习和工作之余得到放松和娱乐。《开心一笑》的主要内容基本来源于校园日常生活和工作中的生活小片段，节目风格亲切活泼，因此该节目既能为观众带来笑声，又能给观众带来面对生活的正能量（见图 7 - 15）。

图 7 - 15　　虚拟演播室节目《开心一笑》

该节目的制作品平台为 LiFU 虚拟演播室，计算机平台为 Windows XP，软件包括三维动画软件 3D Max、平面设计软件 Photoshop、剪辑软件 Premiere。具体步骤如下：

1. 步骤一：文案策划创作

《开心一笑》虚拟演播室电视节目策划方案

《开心一笑》是一档 2 分钟左右的大学生自编自导的校园虚拟演播室情景剧。每天中午11：00、下午5：00 播出，播放循环周期为一周。在紧张的校园学习和工作生活中，大家需要一个娱乐的空间，让疲惫的身心得到放松。《开心一笑》节目关注的是校园里的真情开心片段，有较强的现实性和幽默性，主要内容包括校园学习生活、校园爱情生活、校园友谊生活和校园业余打工生活。具体的节目策划内容如下：

一、节目主旨

本节目以"校园生活新视角我的地盘我做主"为主旨，为校园观众带来精神上的娱乐，满足在校大学生追求新潮与活泼的游戏心理，减轻校园学习和就业的压力。本节目针对校园生活的热点和思潮进行构思，让观众在笑声中更深刻地融入校园生活。节目并不纯粹是为了幽默而幽默，而是重在寓教于娱乐，希望观众在笑声中获得启发，在娱乐中跟上时代的节奏，得到正确面对生活、面对未来的信心和理念。

二、节目定位

1. 观众定位：观众主要是 18～25 岁的在校大学生以及 25～40 岁的教职工。在校大学生主要以 80 后和 90 后的学生群体为主，"玩得酷靠得住"是他们的性格标签，语言具有较强的创新力，一般比较关注新鲜事物，对一些不合理的社会现象敢于质疑和反抗。而在校教职工群体一方面希望通过学生节目更多地了解学生群体的新思潮和新动向，一方面也对社会上的幽默新鲜事物抱有较宽容的态度。相比较而言，在校大学生占收视人群的主体。

2. 内容定位：针对收视群体的个性和观看本节的目的，节目内容主要包括大学生日常生活中的新思潮、新热点和新现象。节目的选择主要兼顾两个方面：一方面力求通俗化、生活化，能够在最大程度上取得收视群体的认同；另一方面力求避免媚俗化、恶俗化，能够给予收视群体积极向上的精神影响。

3. 形式定位：《开心一笑》节目采用大学生自编自导自演的形式制作，节目时长为 2 分钟，节目全程在虚拟演播室录制，最大程度地利用了虚拟演播室的便利条件，能够达到较好的视觉效果。

三、节目的必要性和可行性

1. 必要性。本节目是校园生活创新和校园热点话题延伸的必然产物。随着资讯技术的飞速发展，网络、手机等各种新媒介也不断渗透到大学生的生活中，用娱乐节目影响大学生的价值观是一个必然的趋势。《开心一笑》节目避免了呆板的说教，用幽默的语言、夸张的表演贴近了大学生自己的生活，传递了温馨的人文情怀。

2. 内容上的可行性。从目前的受众调查来看，《开心一笑》类型的校园节目是校园文化生活必不可缺的类型。随着社会的发展，当今大学生接触的新生事物越来越多，他们的发展与世界发展的潮流和趋势是同步的。而现在大多数校园节目存在着呆板说教、不够贴近大学生生活的问题，大学生缺乏一些立体化、多样化、娱乐化的校园节目。因此带有幽默色彩的《开心一笑》就有较大的发展空间。

3. 制作上的可行性。在素材来源方面，该节目基本来自于学生生活和热门话题，不会出现资源短缺现象。在制作经费上，本栏目花费比较少，主要是学生自发创作、自主表演、自己合成出片，从拍摄到制作完成都是非商业化的操作，降低了节目的成本。在技术难度上，本栏目采用虚拟演播室技术制作。节目制作的重点和难点在于，要考虑到虚拟演播室运作时的特殊功能。主要考虑两个方面：一方面虚拟演播室背景的创作需根据每期不同的节目内容切换背景；另一方面是虚拟演播室内的节目拍摄技巧，虚拟演播室为双摄像机系统，在拍摄时要避免镜头配合的失误。

四、栏目内容

1. 关于校园中的日常生活幽默，这些幽默来源于大学生日常生活的琐事，包括大学生的衣、食、住、行，较为贴近大学生的真实生活，容易引起大学生群体的共鸣，被他们所认可。

2. 关于校园爱情故事的幽默，这些幽默来源于大学生爱情生活的方方面面。校园爱情纯真而美好，在大学阶段青年人开始步入人生的成熟阶段，爱情是校园生活的主旋律，这些幽默既能让大学生了解爱情的珍贵和美好，也能够给予不良现象善意的讽刺，容易得到大学生群体的认可。

3. 关于校园热点思潮的幽默，这些幽默来源于大学生普遍关注的热门话题。当代大学生不再"两耳不闻窗外事，一心只读圣贤书"，相反他们更关注当今社会的发展和变革，这些幽默能够让大学生随时掌握当下社会的发展趋势和潮流。

五、节目特色

1. 幽默风趣、注重创新、贴近大学生的生活。该节目无论从内容到形式都注重大学生的交流、沟通和娱乐，丰富多彩，容易在大学生群体中形成品牌效应。

2. 观众针对性强，集教育性和娱乐性于一体。该节目主要针对大学生的生活，受众局限于在校大学生和在校教职工群体，有较强的目的性和针对性。该节目不但拥有丰富的思想内涵，而且具有正确的价值观，能够满足大学生在成长期的精神需求。

3. 利用新兴影视技术，打造绚丽视觉效果。该节目不但全程在虚拟演播室内制作，而且每一期节目都会根据不同的主题和内容设计不同的虚拟背景。该节目采用的新兴技术，不仅使每一个幽默故事都具有了真实的存在感，也加强了节目的视觉效果和可看性。

2. 步骤二：虚拟背景设计

（1）第一部分：在3D Max软件中进行虚拟背景模型的设计。

①选择新建命令面板下的 ![图标] 图形面板，选择"样条线"中的"线"工具，在前视图中绘制不规则图形，如图7-16所示。选择 ![图标] 修改命令面板，进入"修改器列表"，选择"顶点层级"。在顶点层级利用移动工具 ![图标] 调整图形形状，最终得到如图7-17所示图形。

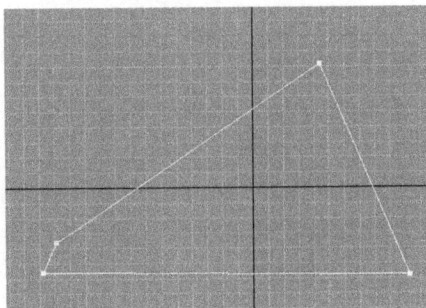

图 7 – 16   样条线绘制的不规则图形

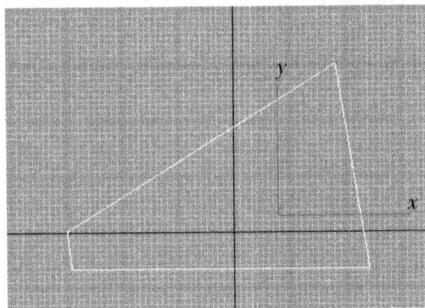

图 7 – 17   调整后的最终图形

②选择"修改器列表",添加"挤出"命令 横截面 挤出 挤压 晶格 ，在"参数"中的
"数量"值输入"3"，得到三维立体的背景图形，如图 7 – 18 所示。

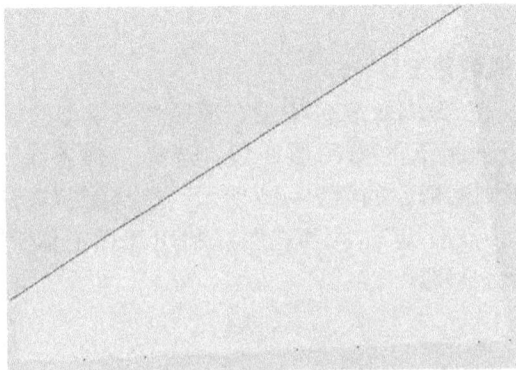

图 7 – 18   三维立体背景

③用相同的方法制作三维立体背景后，重叠的三维立体背景如图 7 - 19 所示。

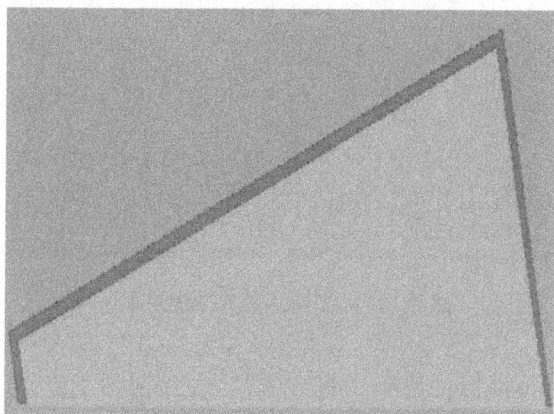

图 7 - 19   重叠的三维立体背景

④选择新建命令面板下的 图形面板，选择"样条线"中的"文字"工具，在前视图中创建"学生生活"文字样条线，如图 7 - 20 所示。选择"修改器列表"，添加"挤出"命令 ，在"参数"中的"数量"值输入"5"，得到三维立体的文字效果如图 7 - 21 所示。利用移动工具 调整三个立体图形的位置，最终得到正确的画面效果。

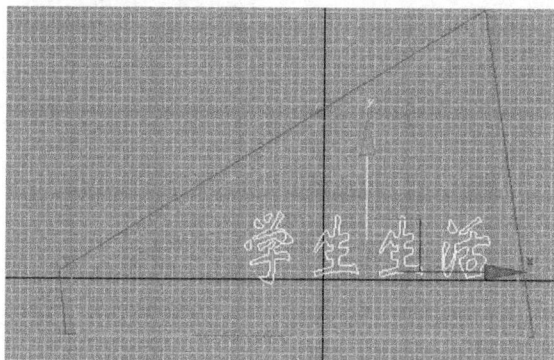

图 7 - 20   样条线"学生生活"

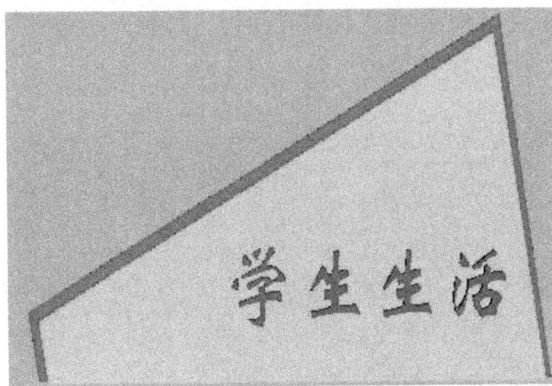

图 7 - 21　立体文字"学生生活"

⑤选择 几何体面板，选择"长方体"，在顶视图上创建合适的长方体。利用移动工具 调整四个立体图形的位置，最终得到正确的画面效果如图7-22所示。选择公共菜单栏 菜单，使用成组工具，将四个立体图形组成一个整体，便于调整其在虚拟场景中的位置。

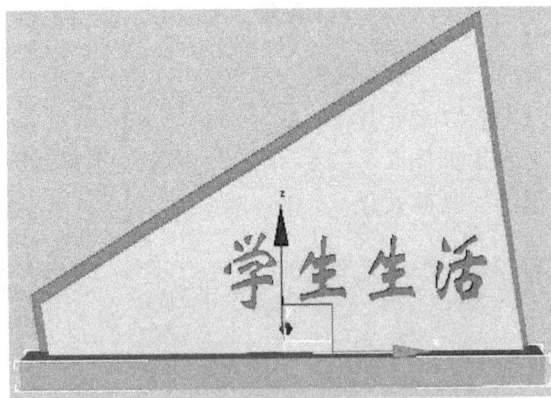

图 7 - 22　虚拟背景其中的一个完整模块

⑥选择新建命令面板下的 图形面板，选择"样条线"中的"椭圆"工具，在前视图中绘制椭圆形，如图7-23所示。选择 修改命令面板，进入"修改器列表"，调整"插值"，在步数中，输入数值"10"，得到如图7-23所示图形。

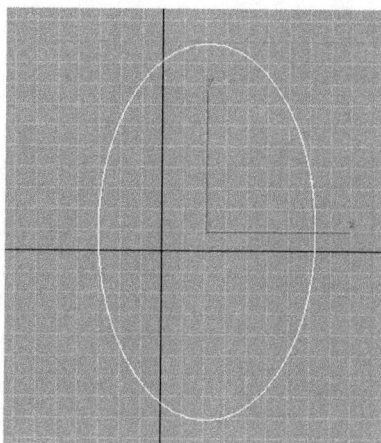

图7－23 样条线椭圆形

⑦选择"修改器列表"，添加"挤出"命令 ，在"参数"中的"数量"值输入"3"，得到三维立体的背景图形如图7－24所示。

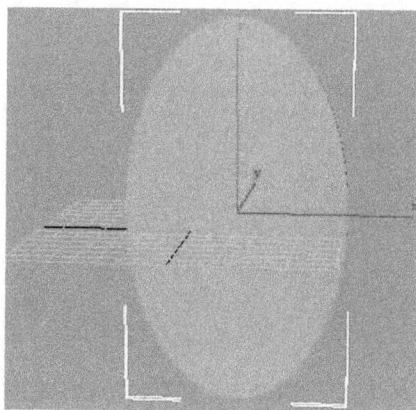

图7－24 椭圆形三维立体背景

⑧选择新建命令面板下的 图形面板，选择"样条线"中的"椭圆"工具，在前视图中绘制椭圆形，如图7－25所示。选择"修改器列表"，添加"可编辑样条线"命令 。选择 修改命令面板，进入"修改器列表"，选择

"编辑样条线"。在 "样条线"层级中，选择矩形，使用"几何体"卷展栏下的"轮廓"命令，拖拽出双轮廓，如图 7 – 26 所示。

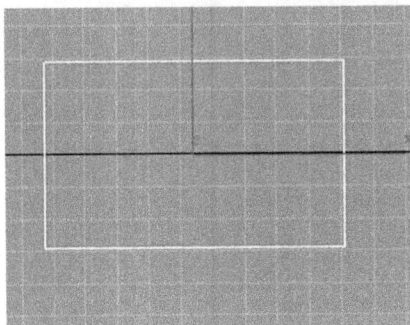

图 7 – 25　样条线矩形

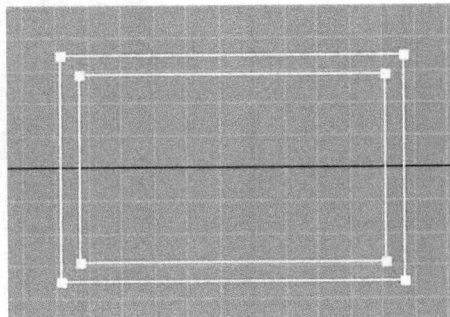

图 7 – 26　双轮廓样条线矩形

　　⑨选择 修改命令面板，进入"修改器列表"，选择"编辑样条线"。在 "分段"层级中，选择矩形外围轮廓的两侧边，使用"几何体"卷展栏下的"拆分"命令，输入数值"3"，完成点的添加。然后进入 层级，选择新添加的点，利用移动工具 和 Bezier 角点 属性的调整，完成矩形外轮廓形状的调整，如图 7 – 27 所示。

图 7 – 27　添加点调整后的双轮廓矩形

　　⑩选择新建命令面板下的 图形面板，选择"样条线"中的"线"工具，在前视图中绘制折线，如图 7 – 28 所示。选择 修改命令面板，进入"修改器列表"，选择"编辑样条线"。在 "顶点"层级中，选择折线上下的两个顶点，使用"几何体"卷展栏下的"圆角"命令，将顶点转化为圆滑转角，如图 7 – 29 所示。在 "分段"层级中，删除多余的线段，最终得到一个理想的倒角剖面。

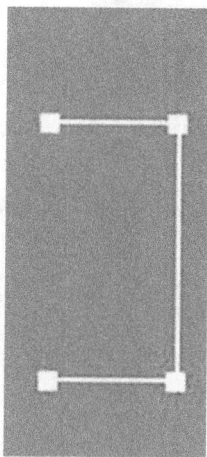

图7-28 样条线绘制的折线

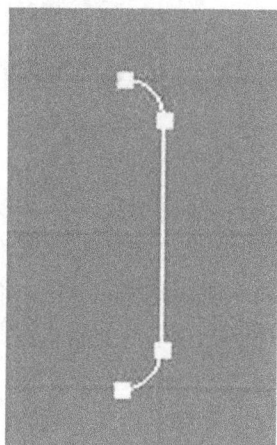

图7-29 理想的倒角剖面

⑪点击双轮廓矩形，选择"修改器列表"，添加"倒角剖面"命令

，在参数卷展栏下拾取剖面，最终得到立体的电视

窗口形状模型，如图7-30所示。

图7-30 立体的电视窗口形状模型

⑫使用同样的方法，在顶视图创建轮廓图形，在前视图创建理想的倒角剖面，添加倒角剖面命令，最终得到电视机轮廓上方的挡板，如图7-31所示。

图 7 - 31　电视机轮廓上方的立体挡板

⑬使用点捕捉工具 在电视机轮廓中创建一长方体，为创作电视机屏幕材质做准备。选择公共菜单栏 组⑥ 菜单，使用成组工具，将四个立体图形组成一个整体，便于调整其在虚拟场景中的位置，如图 7 - 32 所示。

（2）第二部分：在 3D Max 软件中进行材质编辑。

①砖墙材质。砖墙材质无法在 3D Max 软件中一次性完成，需要二维平面软件 Photoshop 的配合，才能做出真实的材质。最终效果如图 7 - 33 和图 7 - 34 所示，具体的操作如下：

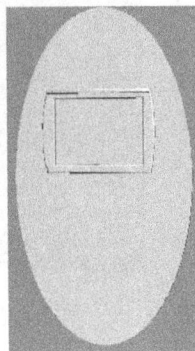

图 7 - 32　完整的电视立体墙

图 7 - 33　砖墙材质球

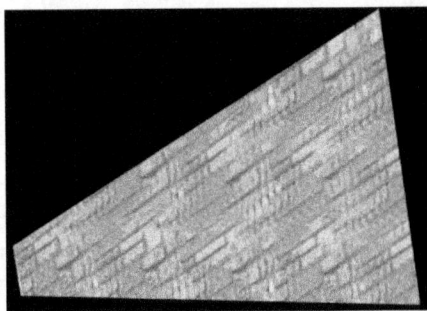

图 7 - 34　砖墙材质

首先，拍摄一张简单的砖墙图片，将其导入 Photoshop 中进行处理。一般来讲，原始的图片无法成为一张效果良好的贴图材质，需用 Photoshop 进行加工。在 Photoshop 中新建图层 500 × 350 像素，按住键盘上的 Ctrl 键，将原始图片拖拽到新建图层上。对原始图片进行多次复制，并将其位置排列分布均匀，最终将多个图层合并为一个完整图层。需要注意的是，拼合的图层在贴图时，拼接的缝隙容易出现凹痕，在 Photoshop 中可灵活使用画笔工具、仿制图章等工具进行修复，使拼贴处不可见。

其次，在 3D Max 软件选择材质球，将其命名为砖墙材质，为"漫反射颜色"控制条添加位图材质（Bitmap），保持其他参数为默认值，这样就完成了砖墙材质的基本贴图。

最后，为了增加砖墙材质的真实感，在 Photoshop 中，使用"图像—调整—黑白"工具，将砖墙贴图处理为黑白色。然后在 3D Max 软件选择砖墙材质球，为

□ 环境光颜色	100 ↕	None	
☑ 漫反射颜色	100 ↕	Map #4 (教材贴图1.jpg)	🔒
□ 高光颜色	100 ↕	None	
□ 高光级别	100 ↕	None	
□ 光泽度	100 ↕	None	
□ 自发光	100 ↕	None	
□ 不透明度	100 ↕	None	
□ 过滤色	100 ↕	None	
☑ 凹凸	80 ↕	Map #5 (教材凹凸贴图.jpg)	
□ 反射	100 ↕	None	
□ 折射	100 ↕	None	
□ 置换	100 ↕	None	
□	0 ↕	None	

图 7-35 砖墙材质的参数设置

"凹凸"控制条添加位图材质，设置"凹凸"数量为 80 左右，这样砖墙材质会出现真实自然的立体感。最终参数设置如图 7-35 所示。

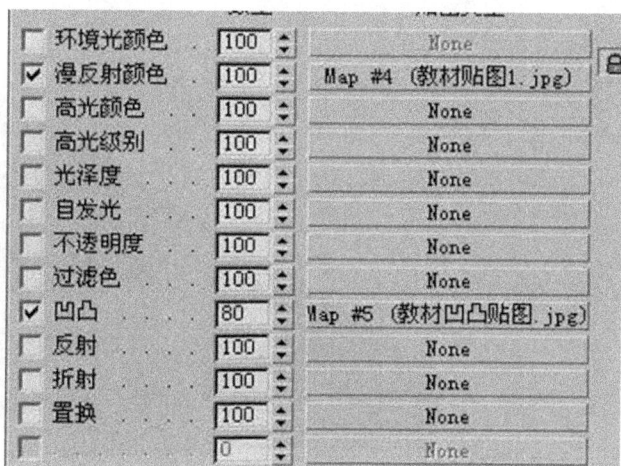

②红色高光材质。为标识字体添加红色高光材质。在 3D Max 软件选择材质球，将其命名为红色高光材质，将材质类型设置为"金属"，打开"金属基本参数"卷展栏，在"反射高光"的"高光级别"设为"58"，"光泽度"设为"69"。在贴图区，"反射"控制条添加"衰减贴图（fall off）"，数量值设为"50"。在衰减贴图中，修改衰减参数，将黑白色反转，得到柔和的反射高光效果，如图 7-36 "最终效果"所示。

金属材质

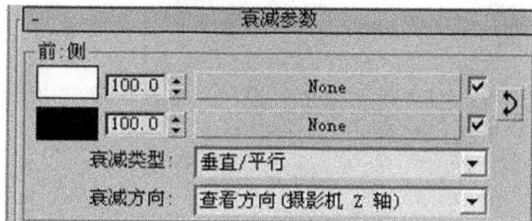

衰减贴图参数修改

最终效果

图 7 - 36　标识文字材质设置

③建筑材质。为电视机柜的立体模型添加建筑材质。将材质球的基本类型设置为"建筑"，在建筑材质的模板下设置其基本类型为"瓷砖、光滑的"，修改漫反射的颜色为淡黄色（R226，G216，B159），其他参数保持默认不变。得到具有镜面光滑效果的材质，如图 7 - 37 右图所示。

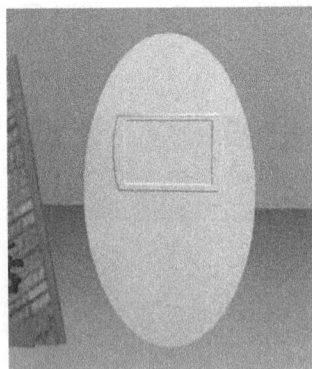

建筑材质球　　　　　　　　　电视机柜型的立体模型最终效果

图 7 - 37　立体电视机柜的材质设置

④电视机画面效果设置。为电视机添加画面效果，选用基本类型为 Blinn 的材质球，为漫反射控制条添加位图材质，保持其他参数为默认值，这样就完成了

电视机画面材质的基本贴图（见图7-38）。

位图材质球

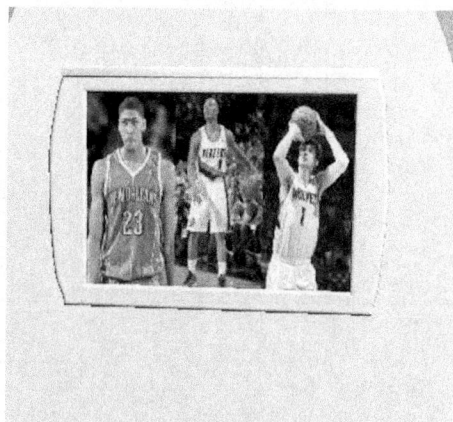

电视机画面贴图的最终效果

图7-38 立体电视机柜的材质设置

⑤虚拟场景的灯光设置。采用三点照明法，为三维场景添加灯光效果。选用

标准灯光 中的目标聚光灯 **目标聚光灯** 作为场景的主光

源，同时选用泛光灯 **泛光灯** 作为场景的辅助光源。主光源的灯光强度保持

为默认参数 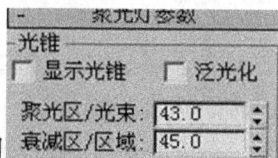和照明范围 ，两盏作为

泛光灯的辅助光源调整其灯光强度 和灯光在场景中所在的
位置，这样就完成了场景内灯光的调整，如图7-39所示。

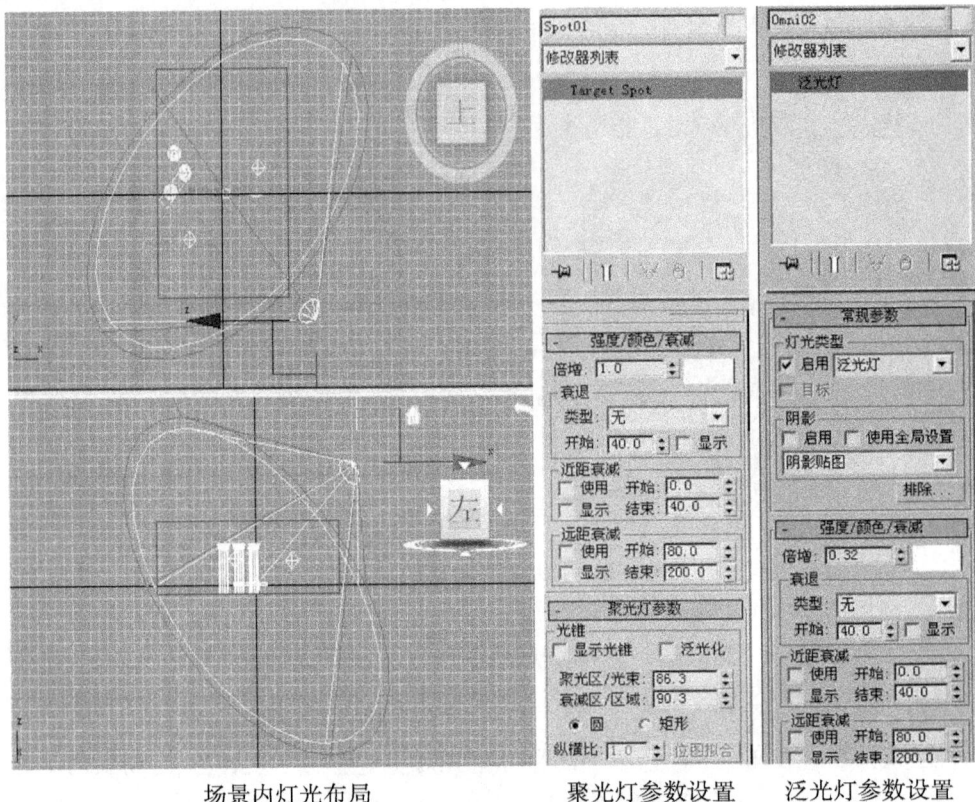

| 场景内灯光布局 | 聚光灯参数设置 | 泛光灯参数设置 |

图 7 – 39　三维场景内的灯光的设置

（3）第三部分：在虚拟演播室系统内进行相应的制作。

①在虚拟演播室节目的蓝箱内，合理地调配灯光和布光，可以保证色键器起
到良好的效果，最终得到满意的视觉效果。虚拟演播室内
最常采用三点布光技巧。首先设置主光源，主要人物的布
光采用前侧光和中侧光为主光源，保证人物大部分能够受
到正确的照明，同时也保证人物的脸部能够形成自然的阴
影区。接下来设置人物照明的辅光源，在主光源的对面设
置辅光源，调整主光源亮度和辅光源亮度的比例，一般控
制在2：1.5或者2：1左右，辅助光源的设置可增加整个
场景的立体感，如图7 – 40所示。

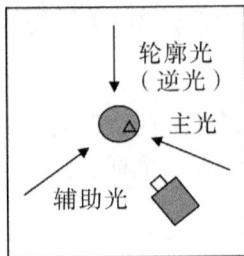

图 7 – 40　虚拟演播
室内的布光图

②虚拟演播室的节目创作，不仅要考虑到演播室蓝箱
内的光照度，还要配合虚拟场景内的各项参数；不仅要求其人物的布光与虚拟背

景的布光相匹配，还要和摄像机的追踪系统配合。因此，在虚拟演播室节目的拍摄前期，演员需要进行走位来测试虚拟场景内的各项参数配合（见图7-41）。

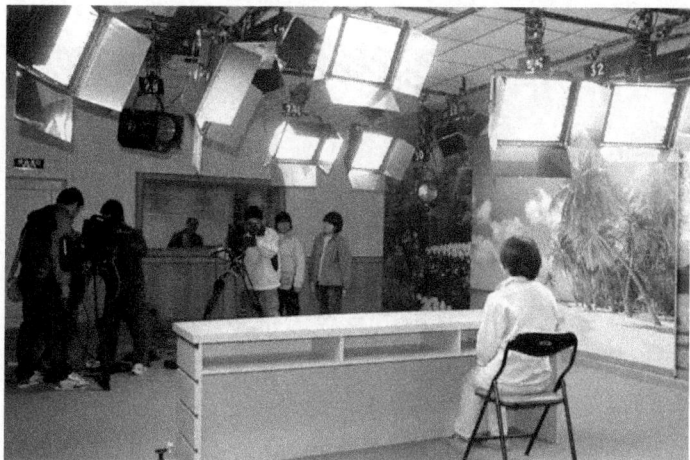

图7-41 虚拟演播室节目创作中演员的走位和调试

（4）第四部分：作品的输出。

①调整色键器参数。调整虚拟演播室系统中的色键合成器，将表演者和虚拟背景完美地合成在一起，但要注意保证合成图像的质量。

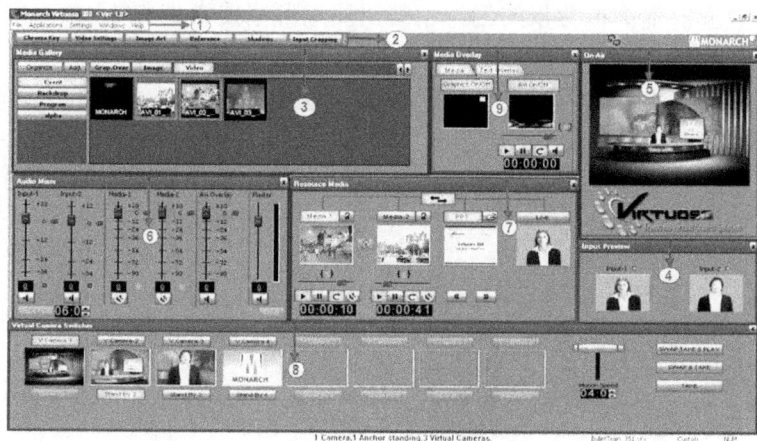

图7-42 色键器的调整界面

②在虚拟演播室内，根据节目的性质以及虚拟演播室的类型来进行相应的视频画面延时处理，同时声音信号也要经过调音台的处理，才能保证声画同步，不致产生视音频的误差。最终调整各项参数，完成节目的渲染输出。

图 7 - 43   虚拟演播室节目的最终渲染图

【思考题】

1. 虚拟演播室节目的创作流程是什么？分为哪几个具体的步骤？

2. 虚拟演播室虚拟背景的创作中需要注意哪些技术难点？

3. 虚拟演播室内的灯光应如何与虚拟场景内的灯光配合？

4. 请根据所学的知识，设计一组静态的虚拟背景，以"我的中国梦"为主题创作一档访谈节目。

5. 请根据所学的知识，设计一组动态的虚拟背景，以"我的 2013"为主题创作一档访谈节目。

参考文献

［1］［以色列］Moshe Moshkovitz. 虚拟演播室技术. 夏力，王大纲等编译. 北京：清华大学出版社，2005.

［2］黄慕雄. 虚拟演播室技术及其在教育电视节目制作中的应用. 中国电化教育，2002（6）.

［3］邱晨鹰，邓军. 虚拟演播室系统及其技术发展浅析. 职教论坛，2005（26）.

［4］史萍. 虚拟演播室技术的发展. 百度文库.

［5］胡艳妮，罗任华. 虚拟演播室技术. 西部广播电视，2006（2）.

［6］陈研. 虚拟演播室技术及制作流程综述. 现代电视技术，2006（1）.

［7］季伟强. 虚拟演播室技术在教育电视中的应用探索. 中国有线电视，2006（6）.

［8］苗棣等. 美国经典电视栏目. 北京：中国广播电视出版社，2006.

［9］李艳. 电视包装与编排. 北京：中国国际广播出版社，2008.

［10］郭蔓蔓，世纪工场. 电视频道品牌包装艺术. 北京：中国广播电视出版社，2006.

［11］孟群. 电视数字制作技术. 北京：北京师范大学出版社，2003.

［12］［美］Rod Fairweather. 演播室导演（欧美电视制作实用手册）. 顾洁译. 北京：中国传媒大学出版社，2004.

［13］徐威，李宏虹. 电视演播室. 北京：中国广播电视出版社，2006.

［14］杨金月，胡智锋. 电视新闻演播室的设计与制作. 北京：中国广播电视出版社，2005.

［15］斯蒂芬·吕金. 美国三维设计基础教程. 李亮之，喻萍编译. 上海：上海人民美术出版社，2011.

［16］肖艺，孙春雷，雷荣祖. 电视品牌形象包装完全解码. 北京：人民邮

电出版社，2010.

[17] 程玉仁．基于数字图像处理的摄像机跟踪系统．中国有线电视，2004（7）．

[18] 刘然，孟京，孟涛．浅谈虚拟演播室跟踪定位系统的设计与实现．现代电视技术，2012（10）．

[19] 徐恒．对虚拟演播室与传统色键技术区别的探讨．西部广播电视，2001（12）．

[20] 孙晓丹．国产虚拟演播室系统介绍．现代电视技术，2001（5）．

[21] 卢英锁．国内市场的虚拟演播室系统．电视技术，2002（8）．

[22] 单聪，张斌．基于 XYNC 全红外跟踪技术的高清虚拟演播室构建．电视技术，2011（14）．

[23] 于军，张斌，冯以威．浅谈虚拟演播室全红外摄像机跟踪系统的搭建与调试．现代电视技术，2011（10）．

[24] 沈吉．浅析虚拟演播室传感器技术．电视工程，2005（4）．

[25] 陈艺腾．虚拟演播室传感跟踪系统的技术比较和分析．中国有线电视，2010（7）．

[26] 蔡斌．浅说虚拟演播室的跟踪技术．视听界（广播电视技术），2008（4）．

[27] 李文．虚拟演播室的跟踪技术及选择．电视字幕（特技与动画），2006（11）．

[28] 朱学东，陈巍．键控技术的数字实现与发展（一）．西部广播电视，2001（11）．

[29] 王润兰，袁永昌，刘成锁．键控技术在虚拟演播室中的应用．农业网络信息，2007（5）．

[30] 刘菁，陈季赟．色键器在虚拟调像方面的应用与探索．电视工程，2013（2）．

[31] 段晓冬．新一代色键控制器．电视字幕（特技与动画），1999（2）．

[32] 石昭生，杨捷．虚拟演播室与色键器．电视工程，2006（4）．

[33] 王大纲．搭建在虚拟空间中的动画城——用虚拟演播室制作精品电视节目．电视字幕（特技与动画），2001（3）．

[34] 杨寿堂．电视节目艺术的新突破——论虚拟演播室艺术的建构．浙江艺术职业学院学报，2011（3）．

[35] 高建中．浅谈虚拟演播室的布光．现代电视技术，2003（5）．

[36] 杨丽萍．虚拟演播室技术及制作流程综述．陕西电子科技，2006（6）．

［37］柏楠，储霞．虚拟演播室技术及其在电视节目制作领域的应用．影视制作，2010（6）．

［38］张婷．虚拟演播室技术及其在电视节目制作中的优势．中国科技信息，2008（10）．

［39］吕贵香．虚拟演播室教育电视节目中学习情境要素分析．电视字幕（特技与动画），2008（1）．

［40］李龙．虚拟演播室节目制作的照明及布光技术．影视制作，2009（10）．

［41］王瑶．虚拟演播室系统在电视节目中的应用．东北师范大学硕士学位论文，2007．

［42］李诚，孟亚玲，魏继宗．虚拟演播室系统在校园电视台的应用．延安大学学报（自然科学版），2008（3）．

［43］汪庆荣．虚拟演播室应用分析．才智，2009（24）．

［44］顾肖联，黄金晶，黄好．虚拟演播室制作儿童科普片的探索．浙江传媒学院学报，2007（3）．

［45］杨海蓉．虚拟演播室制作流程及应用．视听界（广播电视技术），2012（6）．

［46］王华．虚拟演播室中虚拟场景生成系统的设计与实现．西南交通大学硕士学位论文，2007．